부동산 절세
성공법칙

부동산 절세 성공법칙

2022년 11월 9일 초판 1쇄 인쇄
2022년 11월 16일 초판 1쇄 발행

지은이 | 공찬규
펴낸이 | 이종춘
펴낸곳 | (주)첨단

주소 | 서울시 마포구 양화로 127 (서교동) 첨단빌딩 3층
전화 | 02-338-9151
팩스 | 02-338-9155
인터넷 홈페이지 | www.goldenowl.co.kr
출판등록 | 2000년 2월 15일 제2000-000035호

본부장 | 홍종훈
편집 | 문다해
교정 | 주경숙
본문 디자인 | 조수빈
전략마케팅 | 구본철, 차정욱, 오영일, 나진호, 강호묵
제작 | 김유석
경영지원 | 윤정희, 이금선, 최미숙

ISBN 978-89-6030-610-3 13320

- BM 황금부엉이는 (주)첨단의 단행본 출판 브랜드입니다.

황금부엉이에서 출간하고 싶은 원고가 있으신가요? 생각해보신 책의 제목(가제), 내용에 대한 소개, 간단한 자기소개, 연락처를 book@goldenowl.co.kr 메일로 보내주세요. 집필하신 원고가 있다면 원고의 일부 또는 전체를 함께 보내주시면 더욱 좋습니다. 책의 집필이 아닌 기획안을 제안해주셔도 좋습니다. 보내주신 분이 저 자신이라는 마음으로 정성을 다해 검토하겠습니다.

공인중개사
+세무사
자격증을 보유한
진짜 전문가의
세금 안 내는 비법

부동산 절세
성공법칙

· 공찬규 (유튜버 '공셈TV') 자음 ·

BM 황금부엉이

머리말

저는 현재 구독자 11만 명의 유튜브 채널 '공샘TV'를 운영 중인 공찬규 세무사라고 합니다. 처음에 유튜브를 시작한 이유는 '부동산 세금'이라는 머리 아프고 딱딱한 내용을 좀 더 쉽게 풀어주고 싶다는 단순한 동기였습니다. 기본적인 세무 상식이 부족해서, 또는 주변에서 잘못된 정보를 듣고 큰 실수를 하고, 일이 닥친 후에야 부랴부랴 상담하러 오는 고객들을 볼 때마다 한숨이 나오곤 했습니다. 그 상태에서는 도와줄 길이 많지 않기 때문입니다. 부동산 세금을 다루는 유튜브 채널은 당시에도 많았지만, 다들 세법 중심의 설명일 뿐 피부에 와닿는 예를 들어 주는 곳이 드물어 답답하더군요. 법령 하나하나를 설명하는 저 영상이 납세자들에게 정말 도움이 될까 싶었습니다. 그래서 일상생활에서 만나는 사례를 통해 세법이 언제 어떤 식으로 적용되는지를 이야기로 풀어 들려주기 시작했습니다.

하지만 내용이 워낙 방대해서 전부 영상으로 제작하기엔 시간이 너무 많이 필요했습니다. 현실적인 대안을 찾다가 이 책을 집필하게 되었습니다. 대중들의 관심이 부동산에 쏠리면서 부동산 관련 서적 역시 많이 출간되고 있습니다. 하지만 이 책에는 이 책만이 가진 두 가지 큰 차별성이 있고, 그것이 여러분이 세법을 이해하고, 일상에 적용하는 데 큰 도움이 될 것이라 믿습니다.

첫 번째는 '실전 케이스 스터디'입니다.

유튜브를 시작하니 현장에서보다 훨씬 많은 납세자들에게 세무질의를 받게 되었습니다. 그 많은 질의를 통해 느낀 건 많은 사람이 너무나 비슷한 내용의 세금 문제로 고민한다는 것이었습니다. 또 다양한 사람만큼이나 다양한 상황이 있고, 그 모든 상황을 세법에서 명확하게 규정하지 못한다라는 것도 알게 되었습니다. 그래서 그중 가장 많은 문의를 받은 것들과, 애매한 상황에서 비슷한 문제가 생겼을 때 도움이 될 사례들을 뽑아 따로 정리했습니다. 상담고객들이 실제로 문의한 상황을 옮겨 Q&A 형식으로 구성했으니 직접적인 도움이 될 것입니다.

두 번째는 '별책부록'입니다.

부동산 세금을 제대로 절세하려면 증여세와 상속세 파악은 기본입니다. 특히 자녀에게 부동산 취득자금을 증여하거나 부동산을 물려주고 싶다면 미리미리 증여세와 상속세에 대비해야 합니다. 부동산뿐만이 아닙니다. 살다 보면 누구나 자녀는 물론 부모, 배우자, 형제 등에게 증여하거나 상속할 일이 생기고, 그때마다 많은 갈등과 고민에 휩싸이기 마련입니다. 그만큼 우리

일상과 딱 붙어 있는 매우 중요한 세금이기도 하지요.

그래서 증여세와 상속세를 별책부록으로 따로 뽑았습니다. 부동산 세금 중심의 본 책과 달리 기본개념과 상황별 세금 계산 방법은 물론 부동산 증여, 현금 증여, 주식 증여 등 증여세와 상속세의 세계를 폭넓게 다루었으니 시간 날 때마다 슬슬 읽어두는 것만으로도 인생 살면서 손해 볼 일은 없을 겁니다.

본 책에는 부동산 세금의 기본부터 현업에 종사하는 전문가도 헷갈릴 만한 내용까지를 자세하게 다루었습니다. 가족, 세대, 주택, 주택수 등 부동산 세법을 이해하기 위한 아주 기본적인 용어부터 시작했으니 부동산과 세금 초보자라도 겁먹지 말고 도전해도 좋습니다. 기본에서 시작했지만 살 때, 보유할 때, 팔 때, 증여나 상속할 때, 임대할 때 등 집 하나를 두고 우리에게 부과되는 모든 세금을 흐름에 따라 정리했습니다. 또 세무서에서 과세하는 과정, 자금출처조사에 대비하는 방법 등의 실무들, 그리고 정부의 조세 방향을 이해하고 대비할 수 있는 이론적 배경까지를 실었으니 부동산 현업에 종사하는 분들도 충분히 도움이 될 것입니다.

양포세무사, 이런 말 들어보셨나요? 지난 몇 년간 부동산 세금이 워낙 복잡하게 바뀌어서 '세법 전문가인 세무사도 양도세는 포기한다'는 뜻의 신조어입니다. 하물며 일반 납세자가 부동산 세금을 이해하기란 더욱 어렵습니다. 제대로 모르니 잘못 행동하고, 결국 내지 않아도 될 세금을 억울하게 내는 일도 종종 발생합니다. 매번 전문가의 도움을 받을 수도 없고, 중요한 상황에서 전문가의 조언을 받는다고 해도 결국 본인의 상황은 누구보다 본인이 가장 잘 아는 법입니다. 그래서 납세자도 어느 정도 세금 지식이 있어야 완벽한 절세를 이룰 수 있다고 생각합니다. 더 이상 억울하게 세금 내는 사람이 없도록 세무사로서의 실무경험과 상담내용을 바탕으로 최대한 핵심만을 추려 담기 위해 노력했습니다. 이 책을 통해 돈과 시간을 낭비하지 않을 정도의 세무 상식을 갖추고, 절세 전문가로 거듭나길 바랍니다.

많은 분들의 도움을 기억합니다. 이 책이 세상에 나올 수 있도록 도와준 황금부엉이 출판사와 제 콘텐츠에 공감하고 자주 들러주는 공셈TV 구독자&블로그 이웃들에게 감사의 인사를 전합니다. 또 가장 가까이에서 항상 힘이 되어주는 아내와 가족들에게 사랑한다는 말을 전하고 싶습니다. 모두 감사합니다.

세무사 공찬규

Contents

PART 2 / 때마다 다른 부동산 절세 전략

PART 1

입증해야 진짜 내 돈, 증여세

PART 2

닥치면 늦는다,
상속세

PART 1

양도세는 '부동산 세금의 꽃'이라고도 부릅니다. 부동산 세금 중 가장 중요하며 가장 어렵기 때문입니다. 지난 몇 년간 부동산시장을 규제하기 위해 매년 양도세법을 개정하면서 양도세 계산은 더 복잡하고 어려워졌습니다. 세법 전문가인 세무사조차 양도세법 해석을 정확하게 할 수 없을 정도니까요. 이런 상황에서 일반 납세자들이 세법을 제대로 이해한다는 건 너무나 어려운 일입니다. 하지만 세금은 아는 만큼 보이고, 보이는 만큼 절세할 수 있다는 말은 진리입니다! 그래서 어려워도 공부하는 수밖에 없습니다. 세무사에게 상담받더라도 납세자가 기본적인 지식이 있어야 최대한 활용할 수 있기 때문입니다.

부동산
세금의 꽃?
양도세

1장.

팔 때는, 양도세

01
주택
- 양도세에서는 이런 것도 주택이다

주택이 뭔지 모르는 사람이 있을까요? 의외로 '양도세' 에서 보는 주택은 상식과는 조금 다릅니다. 한 번은 이런 일이 있었습니다. 상담하러 온 고객은 분명히 '1주택만 보유 중'이라고 했는데, 찜찜해서 이것저것 확인해 보니 다주택자였습니다. 본인 명의의 오피스텔이 있었는데, 그게 주택에 포함된다는 걸 몰랐던 겁니다. 이런 상황이라면 비싼 세무상담을 받아도 길을 찾기 어렵습니다. 그래서 양도세 공부의 첫걸음은 '주택'이라는 용어에서 시작하겠습니다. 보유한 부동산이 주택인지 아닌지, 주택이라면 단독주택인지 공동주택인지 등 본인의 주택수와 세대현황을 명확하게 아는 것이 아주 중요합니다. 여기에서 모든 세금이 시작되기 때문입니다.

양도세에서 보는 주택이란?

같은 세금이라도 양도세의 주택과 취득세의 주택은 다릅니다. 취득세에서는 주택이 아닌데, 양도세에서는 주택인 경우가 있습니다. 양도세에서 다루는 '주택'은 건축물대장에 나타난 사용용도가 아니라 '실제로 주거용으로 사용했는가'가 기준입니다. 흔히 '전입신고 여부'에 따라 주택이냐 아니냐를 결정한다고 알고 있는데 착각입니다. 물론 전입신고를 했다면 명백한 증거가 남으니 주택으로 볼 가능성이 상당히 크지만, 전입신고를 하지 않았더라도 다른 증거들로 주거용으로 사용한 사실이 확인되면 양도세에서는 주택이라고 봅니다.

예를 들면 등기도 되지 않은 무허가건물에 전입신고 없이 실제로 사람이 살면서 주거용으로 쓰고 있다면 주택이고, 건축물대장에 '근린상가시설'이라고 버젓이 적혀 있어도 실제로 주거용으로 쓰고 있다면 주택입니다. 자주 헷갈리는 상황을 모아 자세히 뜯어보겠습니다.

오피스텔

납세자는 주택이 아니라고 생각하지만 주택에 해당되는 가장 대표적인 것이 오피스텔입니다. 오피스텔은 사용용도에 따라 주택에 포함될 수도 있고 아닐 수도 있습니다. 주거용 오피스텔은 주택에 해당되고, 업무용 오피스텔은 해당되지 않습니다. 이를 이용해 주택수를 줄이려고 사실상 주거용으로 사용하면서도 업무용 오피스텔로 위장하는 경우가 많습니다. 오피스텔을 주거용으로 임대하면서 임차인이 전입신고를 하지 못하게 하는 식이죠. 전입신고만 하지 않는다면 겉으로는 업무용 오피스텔로 보일 수 있으니까요.

국세청은 그렇게 호락호락하지 않습니다. 같은 오피스텔 건물 내에서 대부분 주거용으로 사용 중이라면 당연히 주거용이라 추정하고 실제 사용용도를 조사합니다. 직접 실사를 나가는 경우도 있는데, 오피스텔의 사용용도 확인은 생각보다 간단합니다. 수도사용량을 보면 됩니다. 업무용과 주거용 수도사용량에는 큰 차이가 있습니다. 주거용으로 사용하면 샤워, 세탁, 설거지 등으로 수도사용량이 많고, 업무용으로 사용하면 화장실 정도라 적을 테니까요.

원룸형 오피스텔은 임차인에 따라 주거용이 아니라 정말로 사무실로만 사용하는 경우도 많습니다. 하지만 신축 오피스텔은 다릅니다. 최근에는 방 3개, 화장실 2개 등 아파트 구조와 구분하기 힘들 정도로 주거하기 좋게 만듭니다. 이렇게 지어진 오피스텔을 업무용으로 사용할 가능성은 현실적으로 거의 없습니다. 애초에 이런 오피스텔을 비싼 월세를 주고 업무용으로만 사용할 임차인을 구하는 것 자체가 어려울 테니까요. 국세청도 이런 사실을 다 알고 있어서 이런 오피스텔은 일단 주거용으로 추정하고, 실제 사용 여부를 여러 가지 정보를 통해 조사합니다.

나는 업무용 오피스텔로 임대했는데, 임차인이 마음대로 주거용으로 사용한 경우라면 어떨까요? 억울하지만 양도세가 과세됩니다. 이런 일을 예방하려면 임대차계약서에 "업무용으로 사용하기로 한 약정을 위반한다면 이로 인해 발생하는 손해는 임차인이 부담한다"라는 특약을 써두는 것이 좋습니다. 정말 업무용으로 사용했더라도 업무용으로 사용했다는 여러 가지 증빙,

예를 들면 사무실 간판, 사무실에서 업무 중인 사진, 세금계산서 발행, 사업자등록증 등을 제출하지 못하면 업무용으로 인정받기 힘듭니다.

또 이런 일도 있습니다. 임대한 오피스텔 1채를 업무용이라고 생각하고, 본인이 살던 주택을 양도했습니다. 나중에 보니 오피스텔이 주택수에 포함되는 바람에 1세대1주택 비과세 혜택을 받지 못하고 수억의 양도세를 내게 되었습니다. 억울하겠지만 생각보다 흔한 경우입니다. 오피스텔 1채의 사용용도에 따라 양도세 수억 원이 뒤바뀌는 거죠. 조사실익이 크기 때문에 국세청에서도 적극적으로 오피스텔 사용용도를 조사합니다. 임차인이 전입신고를 하지 못하게 하는 식으로 업무용이라고 눈가림해도, 국세청이 조사하면 주거용이라는 사실이 쉽게 밝혀진다는 걸 명심하세요. 주거용에 적합한 오피스텔을 취득할 때는 처음부터 주택이라고 생각하고 취득하는 게 맘 편할 겁니다.

호텔, 모텔, 레지던스

호텔이나 모텔 같은 숙박시설은 기본적으로 주택이 될 수 없습니다. 취사가 가능하지 않기 때문입니다. 하지만 레지던스는 일반형 숙박시설과 달리 취사가 가능한 숙박시설입니다. 취사가 가능하니까 마음먹기에 따라 주거용으로 사용할 수도 있지요. 하지만 레지던스 같은 생활형 숙박시설은 국세청에서 대부분 사업용으로 사용하는 것으로 인정하고 조사도 잘 하지 않습니다. 건축법상 생활형 숙박시설을 주거용으로 사용하는 것은 불법이고, 이를 어길 시 시가 10%가량의 과태료가 부과됩니다. 하지만 전입신고는 가능합니다. 만약 임차인이 전입신고 후 30일 이상 거주한다면 단순숙박이 아니라 생활의 근거지로 거주할 목적이라고 볼 수 있습니다. 그렇게 되면 주거용으로 사용한 것이라고 판단해 숙박시설을 주택수에 포함시킬 가능성도 있습니다.

게스트하우스, 폐가

반대로 공부상 주택이지만 주택에 해당되지 않는 경우도 있습니다. 한옥 같은 단독주택을 취득해 게스트하우스나 숙박업 용도로 사용한다면 주거용이 아니라 사업용으로 쓴 것이라 주택에 해당하지 않습니다. 오래된 시골주택을 보면 사람이 거주할 수 없는 폐가가 된 곳도 있죠? 폐가 역시 공부상 주택이지만 주거용으로 사용할 수 없으니 주택에 해당하지 않습니다.

02

주택수

- 집이 하나뿐인데 2주택이라니?

이제 양도세에 보는 '주택'이 뭔지 확실히 이해했을 겁니다. 이번에는 이를 바탕으로 보유 중인 주택수를 계산해 보겠습니다. 주택수가 중요한 이유는 본인이 1주택자인 줄 알았다가 다주택자에 해당하면 양도세 비과세 혜택을 받지 못할 수도 있기 때문입니다. 여기서 멈추면 다행인데 실제로 이런 상황이라면 다주택자 양도세 중과세율이 적용돼 엄청난 세금을 내야 합니다.

다가구주택 vs 다세대주택의 주택수

실무에서 가장 많은 사고가 생기는 것이 다가구주택과 다세대주택을 혼동하는 경우입니다. 건축법상 다가구주택은 주거로 사용하는 층수가 3층 이하이며, 호수별로 구분 소유하지 않아서 단독주택입니다. 반면 다세대주택은 주거로 사용하는 층수가 4층 이하이며, 호수별로 구분해 소유하기 때문에 공동주택입니다.

예를 들어 다가구주택을 1채 보유 중이라면 주택수가 1주택이지만, 다세대주택을 1채 보유 중이라면 주택 내 호수를 모두 합쳐서 보유 주택수가 수십 채가 될 수도 있습니다. 다세대주택은 1채만 보유해도 다주택자에 해당합니다. 정 헷갈린다면 등기부등본을 떼서 확인해 보세요. 다가구주택은 1채로 등기된 반면, 다세대주택은 각각 호수별로 구분 등기가 되어 있어서 어떤 주택인지 쉽게 알 수 있습니다.

다가구주택은 하나의 매매단위로 양도하는 게 유리 다가구주택을 보유 중이라면 매매 시 주의할 것이 있습니다. 먼저 알아둘 것은 다가구주택이라고 무조건 단독주택으로 보는 것은 아니라는 것입니다. 양도세에서는 원칙적으로 다가구주택과 다세대주택 둘 다 공동주택으로 봅니다. 단, 예외적으로 다가구주택을 하나의 매매단위로 양도할 때만 단독주택으로 처리합니다. 양수인과 양도인이 1인이어야 한다는 게 아니라, 공동명의라도 하나의 매매단위로 양도하는 것을 말합니다. 만약 공동소유자 중 1명의 지분만을 양도하면 하나의 매매단위로 양도한 것으로 보지 않습니다. 이러면 다세대주택처럼 세대별로 주택수를 따로 계산해 다주택자 양도세가 적용됩니다. 다가구주택을 1채로 적용받으려면 반드시 공동소유자와 함께 양도해야 합니다.

옥탑방 때문에 다세대주택으로 바뀐다. 매매 전 옥탑방 없애기! 다가구주택의 또 다른 주의사항은 옥탑방입니다. 다가구주택은 주거로 사용하는 층수가 3층 이하여야 하는데 3층 다가구주택에 옥탑방이 있다면 주택으로 사용하는 층수가 4층이 될 수 있습니다. 옥탑방 면적이 해당 주택 수평투영면적의 1/8을 초과하면 주택 층수에 산입되기 때문입니다. 이런 옥탑방이 있다면 공부상 다가구주택이라도, 세법에서는 다세대주택으로 간주합니다. 옥탑방이 있는 다가구주택을 1세대1주택으로 생각하고 비과세로 신고했다가 양도세가 몇억이나 부과되는 사례가 종종 있습니다. 옥탑방이 건축물대장에 등재되지 않았으니 국세청이 모를 거라고 생각하면 착각입니다. 옥탑방에서 사용한 전기료와 도시가스 사용요금, 전입신고 여부 등을 통해 옥탑방의 존재를 쉽게 확인할 수 있습니다. 그럼, 어떡하면 좋을까요? 양도세를 절세하고 싶다면 다가구주택을 팔기 전에 옥탑방을 멸실하면 됩니다.

분양권, 입주권의 주택수 - 2021년이 기준!

분양권과 조합원 입주권은 엄밀히는 '주택을 취득할 권리'에 해당하며 주택은 아닙니다. 하지만 양도세를 계산할 때는 주택수에 포함되니 주의하세요. 몇 가지 애매한 경우를 들어보겠습니다. 먼저 취득 시기를 잘 봐야 합니다. 입주권은 취득 시기에 상관없이 주택수에 포함되지만, 분양권은 21년 이전에 취득했다면 주택수에 포함되지 않습니다.

예를 들어 지금 살고 있는 1주택이 있고, 19년에 취득한 분양권도 있다면 2주택이죠? 하지만 이 분양권은 21년 이전에 취득한 것이라 주택수에 포함되지 않으므로 1주택입니다. 21년 이전에 취득한 분양권은 주택이 완공된 후 잔금납부를 완료한 때부터 주택수에 포함됩니다. 그래서 분양권 취득일을 정확하게 아는 것이 중요합니다.

이 '분양권 취득일'이 언제인가도 상황에 따라 다릅니다. 예를 들어 입주자 모집공고에 따른 청약에 당첨되어 분양권을 취득했다면 취득일은 '청약 당첨일'입니다. 분양권 계약일이 21년 2월이라도 청약 당첨일이 20년 12월이라면 분양권은 주택수에 포함되지 않습니다. 전매를 통해 분양권을 취득했다면 '분양권 잔금 청산일'이 취득일이 됩니다.

오피스텔 분양권은 21년 이후에 취득해도 주택수에 포함되지 않습니다. 분양권 상태일 때는 어떤 용도로 사용할지 정해지지도 않았기 때문에 주택수에 포함될 수 없는 거죠. 지역주택조합은 사업계획승인일 이후부터 주택을 취득할 수 있는 권리가 생기며, 이때부터 분양권에 해당됩니다. 따라서 사업계획승인일이 21년 이후라면 지역주택조합은 주택수에 포함됩니다.

공동명의 주택의 주택수

공동명의로 주택을 취득하는 경우 '동일세대원과의 공동명의'로 취득 시에는 1주택으로 봅니다. 배우자와 공동명의로 주택을 취득했는데 각각 1주택씩 2주택이라고 보지 않습니다. 하지만 동일세대원이 아닌 다른 사람과 공동명의로 주택을 취득하면 지분율과 상관없이 무조건 주택수에 해당됩니다. 1주택을 보유 중이라면, 다른 주택을 지분율 1%만큼만 취득해도 2주택이니 제대로 알고 있어야 합니다.

상속주택의 주택수

다만 상속받은 주택을 공동명의로 취득하는 경우는 예외입니다. 상속받은 주택의 소수지분 취득자에 대해서는 양도소득세 계산 시 주택수에 합산하지 않습니다. 공동 상속주택은 지분이 가장 큰 자의 주택으로 봅니다. 상속인들이 소유한 지분이 같다면 해당 주택에 거주 중인 자, 연장자 순으로 소유자를 판단합니다. 예를 들어 두 형제 중 형이 60%, 동생이 40% 지분으로 상속주택을 취득한다면, 상속주택은 형의 주택수에 포함되며 동생의 주택수에는 포함되지 않는다는 말입니다.

만약 상속주택이 여러 채라면 1채만 상속주택에 해당합니다. 나머지는 상속주택으로 보지 않아 세법상 혜택을 누리지 못합니다. 1채를 제외한 나머지 주택은 소수지분자라도 전부 주택수에 포함됩니다. 이 경우 피상속인이 소유한 기간이 가장 긴 주택을 상속주택으로 봅니다. 소유기간이 같다면 거주한 기간이 가장 긴 주택을 상속주택으로 보고, 거주기간도 같다면 피상속인이 상속개시 당시 거주한 주택이 상속주택입니다.

피상속인이 상속개시
당시 거주한 주택 〈 거주기간이 가장 긴 주택 〈 소유 기간이 가장 긴 주택

03
주택 보유기간
- 헷갈리는 취득일과 양도일

주택수 계산만큼이나 중요한 것이 주택 보유기간 계산 입니다. 주택의 취득일과 양도일을 정확하게 알지 못하면 주택의 보유기간 계산을 잘못해 양도세 비과세 혜택을 받지 못하거나 단기보유세율이 적용될 수 있습니다. 주택의 취득일과 양도일의 개념은 어렵지 않으니 쉽게 이해할 수 있을 겁니다.

취득일

취득일은 주택을 취득하는 원인에 따라 달라집니다. 매매로 취득하는 경우 양도일과 마찬가지로 잔금일과 등기접수일 중 빠른 날이 취득일이 됩니다. 분양권으로 취득하는 경우 잔금일과 사용승인일 중 늦은 날입니다. 사용 승인일 이후 잔금일이 되는 것이 일반적이지만, 간혹 공사가 늦어져서 잔금일이 지난 후 사용승인일이 되기도 합니다. 이때는 잔금을 완납하더라도 주택을 취득한 것이 아니며, 사용승인일이 취득일이 됩니다. 관리처분계획일 이후 조합원 입주권을 승계취득하는 경우 잔금일과 상관없이 사용승인서 교부일, 사실상의 사용일, 임시 사용승인일 중 빠른 날이 취득일입니다. 매매가 아니라 가족에게 주택을 물려받아서 증여로 취득하는 경우 증여등기 접수일이 취득일입니다. 증여계약서만 작성하는 것은 주택의 취득으로 보지 않습니다. 상속은 피상속인이 돌아가신 날, 즉 상속개시일이 취득일이 됩니다.

주택 취득 원인별 취득일
매매: 잔금일, 등기접수일 중 빠른 날
분양권: 잔금일, 사용승인일 중 늦은 날
입주권: 사용승인서 교부일, 사실상의 사용일, 임시 사용승인일 중 빠른 날
증여: 증여등기접수일
상속: 상속개시일

양도일 - 잔금일, 등기접수일 중 빠른 날

양도세에서 말하는 양도일은 비교적 간단합니다. 잔금일과 등기접수일 중 빠른 날입니다. 일반적인 매매라면 잔금일이 우선이므로 잔금일이 양도일이 되겠지만, 간혹 일시적 2주택 처분기한 때문에 잔금일 이전에 등기를 먼저 넘기는 경우가 있습니다. 이럴 때는 등기접수일이 양도일이 됩니다.

'잔금일'이란 실질적으로 잔금납부를 완료한 날을 말합니다. 매매계약서에 기재된 잔금일과 달리 잔금을 앞당겨 받거나 늦게 받는 경우라면 실제로

잔금납부를 완료한 날이 양도일이 됩니다. 최근에는 주택처분이 워낙 어려워서 매도자가 매수자의 자금마련 일정에 맞춰주는 일이 흔합니다. 매수자의 자금마련에 차질이 생겼다면 매도자와 차용증을 작성하고 차차 잔금을 갚아 나가기로 계약을 바꾸기도 합니다. 이럴 때는 차용증을 작성하는 날짜가 잔금일이 됩니다.

04
1세대
- 1세대3주택도 두렵지 않은 최강 방패, 세대분리

양도세에서 '세대'의 개념은 너무나 중요합니다. 양도세는 1인이 아니라 1세대의 보유주택을 기준으로 주택수를 산정하기 때문입니다. 세대주 본인의 주택수만 고려하다가 세대원의 주택수가 합쳐지거나, 세대분리가 되었다고 생각했는데 동일세대에 해당해 비과세 혜택을 받지 못하는 경우가 흔합니다. 부모님 1주택, 본인 1주택, 여동생 1주택을 보유해 1세대3주택이라도 세대분리만 잘하면 각자 1세대1주택이 적용됩니다. 1세대1주택 양도세 비과세 혜택은 매우 크니 세대분리 방법을 정확히 알아두세요.

양도세에서 보는 1세대란? - 가족, 배우자, 혼인신고

양도세에서 보는 1세대란 '동일한 주소에서 생계를 같이하는 가족'을 뜻합니다. 여기서 가족이란 거주자와 배우자, 직계존비속(할아버지, 할머니, 자녀, 손자, 손녀 등 혈연관계) 및 형제자매입니다. 이때 배우자의 직계존비속과 형제자매 또한 가족에 포함됩니다. 그 외 이모, 고모 등의 친척은 한 집에서 생계를 같이해도 양도세에서는 가족으로 보지 않기 때문에 동일세대가 아니고, 그들이 집을 소유하고 있어도 주택수에 합산하지 않습니다.

만약 가정불화나 기타 사정이 있어서 아내와 별거 중인데, 각자 집을 소유하고 있다면 어떨까요? 양도세에서 배우자는 각자 단독세대를 구성하더라도 동일세대입니다. 이혼하기 전까지는 무조건 동일세대로 보기 때문에 세대분리를 해도 의미가 없습니다. 단, 혼인신고를 하지 않고 사실혼 관계라면 세법상 배우자에 해당하지 않습니다. 그럼, 결혼을 앞둔 경우라면? 본인과 배우자가 모두 일시적 2주택일 경우 혼인신고를 하면 1세대4주택이 되지만, 혼인신고를 하지 않으면 각자 일시적 2주택으로 취득세, 양도세 등에 세금혜택을 받을 수 있습니다. 세금만을 생각한다면 일부러 혼인신고를 최대한 늦게 하는 방법으로 취득세나 양도세를 줄일 수도 있습니다.

세대분리 인정 요건

'1세대'라는 조건을 해결하는 유일한 방법은 부모와 자녀의 세대분리입니다. 부모와 자녀가 함께 살면서 부모 1주택, 자녀 1주택을 보유하고 있다면 세대분리를 해서 각자 1세대1주택이 되는 것이 세금 측면에서 매우 유리합니다. '세대분리'란 다른 주소지에서 생계를 달리 하는 것, 즉 부모와 다른 주소에 전입신고가 되어 있는 것이 기본입니다. 이 외에도 다음 3가지 요건 중 어느 하나라도 해당해야 합니다. 단, 미성년자는 소득요건을 충족해도 세대분리로 인정되지 않습니다.

1. 나이가 만 30세 이상일 것
2. 배우자가 있을 것
3. 일정 이상의 소득이 있으면서 주택 또는 토지를 관리·유지하면서 독립된 생계를 유지할 수 있을 것

아르바이트 소득이 있다면 세대분리 인정? 1번, 2번은 충족 여부가 분명해 논란의 여지가 없습니다. 만약 만 30세 미만이면서 미혼이라면 3번의 소득요건을 충족하면 됩니다. 그런데 '일정 이상의 소득'이 구체적으로 얼마일까요? 실무에서도 이 소득요건에 관한 명확한 기준이 없어서 세대분리 요건을 충족한 것인지 판단하기 어려울 때가 많습니다. 세법에서 '일정 이상의 소득'이란 국민기초생활 보장법에 따른 기준 중위소득 40% 수준 이상을 의미합니다. 1인가구로 계산하면 월소득 약 80만 원 수준입니다. 하지만 월소득이 80만 원 이상이라고 무조건 세대분리로 인정해 주는 것도 아닙니다.

예를 들어 부모는 지방에서 거주하고, 자녀는 서울에서 대학을 다니면서 아르바이트로 매월 100만 원의 소득이 있다고 가정하겠습니다. 월소득이 80만 원 이상이니까 세대분리를 인정받을 수 있을까요? 소득요건은 독립된 생계를 유지할 수 있을 정도로 소득이 충분해야 합니다. 학비는 장학금을 받아 해결한다고 치더라도, 월세와 식비, 통신비 등의 생활비만 해도 월 100만 원은 쉽게 넘습니다. 더구나 아르바이트는 정규 근로직이 아니므로 꾸준하게

수입이 발생할지도 알 수 없죠. 현실적으로 부모와 떨어져 지내는 대학생이 아르바이트 소득만으로 독립된 생계를 유지하는 것은 불가능하다고 봐야 합니다. 그래서 아직 학업 중이고, 취업 전이라면 세대분리로 인정되지 않는다고 보는 것이 적절합니다.

실제로는 같이 살면서 전입신고만 다른 주소로 했다면? 가장 많이 듣는 질문 중 하나가 이것입니다. 이런 경우 취득세와 양도세가 달리 적용됩니다. 취득세에서는 실제 거주 여부와 상관없이 주민등록등본상으로만 판단합니다. 주민등록등본상 동일세대가 아니라면 세대분리로 인정하죠. 하지만 양도세에서는 '실질과세의 원칙'이 적용됩니다. 주민등록등본상 별도세대라도 실제로 생계를 같이한다면 1세대라고 봅니다.

반대로 주민동록등본상 동일세대라도 동일세대로 보지 않는 경우도 있습니다. 일부 판례에서는 부모와 자녀가 동일한 주소에서 거주하더라도 각자의 소득이 따로 있으면, 즉 생활비나 관리비 등을 각자의 소득에서 구분해 지출했다면 생계를 달리하고 있다고 판단했습니다. 단, 현실적으로 이것을 입증하는 것이 매우 어렵기 때문에 동일주소에 거주한다면 사실상 세대분리를 인정받지 못한다고 보는 것이 적절합니다.

몇 개월 떨어져 살다가 다시 합가하면? 실제로 따로 사는데 동일세대로 보는 사례도 있습니다. 1주택씩 보유 중인 부모와 자녀가 함께 살다가 양도세 비과세 혜택을 받기 위해 양도일 직전에 세대분리를 했습니다. 자녀는 실제로 거주 장소를 옮겨서 다른 주소에 전입신고도 하고 따로 생활했는데, 몇 개월 후 다시 부모와 합가한다면 세대분리일까요? 이런 경우 일시적인 퇴거로 봐서 세대분리로 인정해 주지 않습니다. 일시적인 퇴거에 대한 기준은 법에 명확히 나와 있진 않습니다. 판례에서는 5개월까지도 일시적인 퇴거로 봅니다. 세대분리 후 최소 1년 이내에는 합가하지 않아야 안전하게 세대분리로 인정받을 수 있으니 주의하세요. 논란의 여지가 많으니 세대분리 여부를 개인적으로 판단하지 말고, 애매하다면 전문가와 상담하길 권합니다.

05
양도세 신고하기
- 셀프 신고? OK!

　　양도세는 양도일이 속하는 달의 말일로부터 2개월 안에 신고·납부해야 합니다. 이를 '양도세 예정신고'라고 합니다. 9월 15일에 양도했다면 신고·납부 기한은 11월 말까지입니다. 부담부증여로 발생하는 양도세는 증여세 신고기한과 동일하게 증여일이 속하는 달의 말일로부터 3개월 안에 신고·납부하면 됩니다. 양도세가 1천만 원이 넘으면 2번에 걸쳐 분할납부할 수도 있습니다. 기존 납부기한까지 1번, 그리고 납부기한으로부터 2개월 안에 1번 이렇게 총 2번입니다. 양도세는 양도한 거주자의 주소지 관할세무서에서 담당합니다. 취득세와 달리 다른 지역에 있는 부동산을 처분했더라도 거주자의 주소지 관할세무서에서 일괄적으로 처리합니다.

　　양도세는 1번만 신고하면 되는 것으로 알고 있는 사람이 많습니다. 하지만 같은 해에 부동산을 2건 이상 양도하면, 그다음 해 5월에 양도세 확정신고를 한 번 더 해야 합니다. 예를 들어 22년에 양도차익 1억의 상가 1채와 양도차익 2억의 주택 1채를 양도했다면 23년 5월에 양도차익 3억으로 '양도세 확정신고'를 해야 합니다. 같은 해에 부동산을 2건 이상 양도할 때 양도세 계산 방법은 다음 장에서 자세히 다루니 참고하세요.

양도세 부과제척기간은 5년입니다. '부과제척기간'이란 납세자가 양도세를 과소신고했을 경우 과세관청에서 세금을 다시 부과할 수 있는 기간을 말합니다. 양도세는 워낙 복잡하고 어려운 세목이라서, 관할세무서 담당자가 검토해도 잘못 신고한 부분을 찾을 수 없을 때가 많습니다. 양도세 신고 2~3년 후 감사원에서 관할세무서 업무를 감사하다가 양도세가 잘못 신고된 걸 발견하면 뒤늦게라도 과소신고된 만큼 추가과세를 합니다. 이 경우 과소납부한 양도세뿐만 아니라 추가로 가산세까지 내야 합니다. 그래서 상황이 좀 복잡하고 애매하면 양도세 신고대행을 의뢰했을 때 세무사가 거부하기도 합니다. 자칫 고객의 양도세를 잘못 신고했다간 가산세를 손해배상 해줘야 하기 때문입니다. 법률적으로 해석이 난해한 양도세 신고의 경우 최대 5년은 지나야 양도세 추가징수와 가산세 걱정에서 해방될 수 있습니다.

양도세는 국세청 홈택스에서 간편하게 신고할 수 있습니다. 홈택스 시스템이 간편하게 바뀌어 복잡하지 않은 양도세 신고는 납세자가 스스로 해도 됩니다. 국세청 홈택스에 접속해 로그인한 후 '신고/납부 – 세금신고 – 양도소득세'를 클릭하세요. 여러 메뉴가 나타나는데, 이 중 '1개 부동산 양도(대화형 간편신고)'를 선택하면 가장 쉽습니다.

국세청 홈택스 www.hometax.go.kr

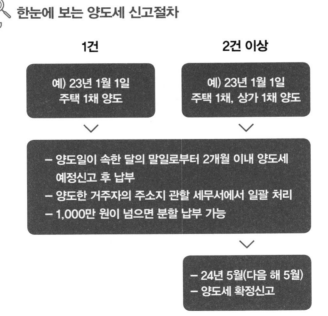

한눈에 보는 양도세 신고절차

1건

예) 23년 1월 1일
주택 1채 양도

2건 이상

예) 23년 1월 1일
주택 1채, 상가 1채 양도

‒ 양도일이 속한 달의 말일로부터 2개월 이내 양도세
　 예정신고 후 납부
‒ 양도한 거주자의 주소지 관할 세무서에서 일괄 처리
‒ 1,000만 원이 넘으면 분할 납부 가능

‒ 24년 5월(다음 해 5월)
‒ 양도세 확정신고

06
양도세 계산하기
- 용어만 제대로 알아도 양도세가 만만해진다

　　주택 양도세의 계산 방법은 매우 복잡합니다. 보유 중인 주택수, 주택의 위치, 보유기간, 필요경비 등에 따라 천차만별로 달라집니다. 양도세에서 고려해야 할 사항도 한두 가지가 아니죠. 워낙 복잡해서 세무사도 종종 실수할 정도입니다. 그러니 이해될 때까지 천천히 여러 번 읽어보세요. 먼저 양도세를 계산할 때 자주 사용하는 중요한 용어들부터 하나하나 짚어보겠습니다.

양도가액 - 손피거래 시 주의

　　양도가액은 '실제로 거래한 금액'을 말합니다. 보통은 매매계약서에 적혀 있는 그대로 쓰면 되니 헷갈릴 건 없습니다. 단, 매수자가 대신 양도세를 납부하는 조건으로 매매하는 경우라면 양도가액이 달라집니다. 분양권 매매에

양도소득세 계산구조

양도가액	
− 취득가액	
− 기타 필요경비	
= 양도차익	
− 장기보유특별공제	→ 양도차익×공제율
= 양도소득금액	
− 양도소득공제	→ 소득별 각각 연 250만 원
= 양도소득과세표준	
× 양도소득세율	→ 자산별 등기유무, 보유기간별
= 양도소득산출세액	
− 세액공제	
− 감면세액	
+ 가산세	
− 기납부세액	→ 예정신고납부세액
= 확정납부세액	

서는 매수자가 양도세를 대신 납부하는 방식, 흔히 말하는 '손피거래'를 종종
하게 됩니다. 참고로 손피거래란 '세금을 제외하고 손에 쥐는 프리미엄'을 말
하며, 분양권 매매에서 주로 사용하는 용어입니다. 분양권 양도세율이 워낙
높아서 세금을 제외하면 남는 이익이 크지 않을 때 매수자에게 세금납부를
전가하는 경우가 많습니다.

손피거래처럼 양도자가 부담할 양도소득세액을 양수자가 부담하는 조건
으로 계약을 체결했고, 양수자가 이를 이행했다고 가정해 보겠습니다. 이런
경우라면 양수자가 대신 납부한 양도소득세액을 양도자의 양도가액으로 산

입해야 합니다. 예를 들어 양도가액이 5억이고, 양도세가 1억 원 발생했습니다. 매수자가 이 양도세를 대신 납부하기로 한다면 실제 양도가액은 6억이 됩니다. 그런데 여기서 양도세 계산의 모순이 발생합니다. 양도가액이 5억일 때 양도세 1억이 발생하는 것인데 대신 납부하기로 한 양도세 때문에 양도가액이 6억으로 올라가니까요. '양도가액 5억에서 발생하는 양도세+양도세 대납액 1억에서 발생하는 양도세=최종 납부할 양도세'가 되는 것이죠. 한마디로 매수자가 대납하는 양도세에 대해 한 번 더 추가로 양도세가 과세된다는 뜻입니다.

취득가액

취득가액도 양도가액처럼 실제로 취득한 금액을 취득가액으로 삼는 것이 원칙입니다. 2006년 6월 이후 거래된 부동산은 등기부등본에 매매된 거래가액이 표시되어 있어서 쉽게 확인할 수 있습니다. 그럼, 그 이전에 취득했는데 매매계약서를 분실했다면 어떻게 할까요? 이렇게 실제 취득가액을 알 수 없을 경우엔 매매사례가액, 감정가액, 환산가액 순서로 결정됩니다.

매매사례가액 취득일 전후 3개월 이내에 동일하거나 유사한 물건이 거래된 가격을 말합니다. 단독주택은 적용하기 어렵고, 아파트처럼 세대가 많은 단지에만 가능합니다. 국토교통부 실거래가 공개시스템에서 매매사례가액을 찾을 수 있지만, 이 또한 06년부터 조회되며 그 이전 매매기록은 찾을 수 없습니다. 본인이 취득한 주택가격도 기억하기 어려운데 취득 당시 유사한 주택의 매매사례가액을 찾는 건 사실상 불가능합니다.

감정가액 취득일 전후 3개월 이내에 감정평가기관이 평가한 감정가액을 말합니다. 취득 당시에 감정평가를 받았어야 취득가액으로 사용할 수 있습니다. 세월이 한참 지난 후 취득 당시의 가격을 소급해서 감정을 받은 건 인정해 주지 않습니다. 그래서 결국 실제 취득가액을 알 수 없을 때 가장 많이 사용되는 것은 환산가액입니다.

환산가액 양도가액에 취득 및 양도 시점의 기준시가 비율을 곱해 구합니다. 주택의 양도가액이 12억이고 취득 시 기준시가가 2억, 양도 시 기준시가가 6억이라면 환산가액은 '12억×2억/6억=4억'이 되는 것이죠. 부동산 기준시가는 다음 사이트를 조회하면 찾을 수 있습니다.

 부동산 기준시가를 볼 수 있는 사이트

유형		고시자	사이트
공동주택	2005년 이전	국세청장	국세청
	2006년 이후	국토교통부장관	국토교통부 부동산 공시가격 알리미
단독주택		지방자치단체장	
토지		지방자치단체장	건물 기준시가 산정방법에 따라 계산
건물 기준시가		국세청장	

매매계약서가 없으니 환산가액으로 신고하는 게 유리? 취득 당시 매매계약서가 있어도 실제 취득가액보다 환산가액이 더 높다면 양도세를 조금이라도 줄이기 위해 환산가액으로 신고하고 싶은 게 사람 마음입니다. 하지만 무조건 국세청에서 인정해 주는 건 아닙니다. 국세청이 실제 취득가액이나 매매사례가액을 찾아내면 그 금액을 취득가액으로 삼아 양도세를 더 많이 과세할 수도 있습니다. 국세청은 개인 납세자보다 가진 정보가 훨씬 많고, 과거 매매사례가액을 찾아낼 수도 있으니까요.

예를 들어 본인이 90년대에 501호 아파트를 취득했습니다. 그런데 같은 시기에 옆집인 502호를 취득했던 사람이 있었나 봅니다. 502호는 몇 년 후 아파트를 양도하면서 취득 당시 매매계약서를 증빙자료로 제출했을 수 있습니다. 내가 매매계약서를 잃어버려서 환산가액으로 신고해도, 국세청은 502호 매매계약서가 있으니 502호의 취득가액을 매매사례가액으로 적용해 양도세를 부과할 수 있는 겁니다.

또 관할구청을 통해 검인계약서의 거래금액을 취득가액으로 삼을 수도 있습니다. 검인계약서가 있지만 실지거래가액을 알 수 없어서 환산가액으로 신고한 경우라면 대부분 인정해 줍니다. 그러나 신고한 환산가액이 거래 당시 실지거래가액보다 과하다고 판단되면, 환산가액을 부인하고 검인계약서에 기재된 거래가액으로 취득가액을 적용하기도 합니다.

정리하면 국세청 마음먹기에 따라 달라진다는 겁니다. 환산가액이 실제 취득가액보다 높다고 판단되면 국세청은 다른 취득가격을 찾아내 과세할 수 있고, 이런 경우 덜 낸 양도소득세는 물론 신고불성실가산세와 납부불성실

가산세까지 내야 합니다. 환산가액으로 신고하면 가산세까지 추징당할 가능성이 있다고 생각하는 게 맞습니다. 정말 매매계약서를 잃어버렸다고 하더라도 무작정 환산가액으로 신고하지 말고, 그 전에 관할구청에 방문해 검인계약서까지 찾아보는 것이 좋습니다.

상속이나 증여라면 감정평가를 받는 게 유리하다! 상속이나 증여로 취득한 부동산은 상속세, 증여세를 신고한 가액이 취득가액이 됩니다. 신고하지 않았다면 「상속세 및 증여세법」에 따라 평가한 시가로 합니다. 「상속세 및 증여세법」에 따라 평가한 시가란 상속이나 증여 당시의 매매사례가액이나 감정가액이 있으면 그 금액, 없으면 기준시가를 취득가액으로 정하는 것을 말합니다. 상속이나 증여는 매매로 취득하는 것과 달리 환산가액을 사용할 수 없습니다.

상속이나 증여로 취득한 부동산이 상속공제, 증여공제 범위 내라면 세금이 나오지 않습니다. 세금이 나오지 않으니 신고하지 않아도 될 거라고 생각하는 경우가 종종 있습니다. 예를 들어 실제시가 5억, 기준시가 3억의 단독주택이 있다고 가정하겠습니다. 이 단독주택을 배우자에게 증여한 후 신고하지 않으면 취득가액은 3억이 됩니다. 하지만 감정평가를 받아서 실제시가 5억으로 증여신고를 하면 취득가액은 5억이 됩니다. 그래서 기준시가가 시가로 인정되는 부동산을 상속이나 증여로 취득하는 경우라면, 취득가액을 높이기 위해서라도 감정평가를 받아 신고하는 것이 좋습니다. 취득세가 높으면 양도세를 절세할 수 있으니까요.

기타 필요경비 - 취득, 보유, 양도할 때 쓰는 돈

주택 취득가액 외에 추가로 양도가액에서 차감해 주는 것이 바로 '기타 필요경비'입니다. 기타 필요경비는 크게 2가지로 나눌 수 있습니다. 주택을 취득 및 양도하면서 필수적으로 발생하는 부수비용과 주택을 보유하면서 주택의 가치를 상승시키기 위해 발생한 자본적 지출액입니다. 주택을 취득·보유·양도하는 단계에서 크고 작은 비용이 발생하는데, 이 비용들이 필요경비에 해당되는지를 판단하는 것은 생각보다 간단하지 않습니다. 그래서 양도가액에서 공제받을 수 있는 필요경비를 세법에서 정해 놓았습니다. 그 외에는 필요경비로 인정되지 않을 수 있으니 주의하세요.

 '돈이 되는' 필요경비 항목

구분	항목
취득 시 비용	취득세, 법무사 비용, 중개수수료(취득), 자산 취득과정에서 발생한 소송비용
인테리어 비용 (자본적 지출)	새시(창호, 일명 '샷시') 설치비, 발코니 확장비, 난방시설(보일러) 교체 비용(수리는 인정 안 됨), 상하수도 배관공사비
단독주택	중개수수료(양도), 양도세 신고수수료

주택 취득 시 발생하는 부수비용은 취등록세, 법무사 등기대행비용 및 기타 등기비용, 중개수수료, 컨설팅 수수료 등이 있습니다. 경매로 주택 취득 시 개인이 직접 경매에 참여하는 것이 어렵기 때문에 경매를 위탁하는 컨

설팅 수수료는 필수로 발생하는 비용입니다. 하지만 일반매매로 취득하는 경우라면 컨설팅 수수료가 필수가 아니라서 필요경비로 인정되지 않습니다. 주택 양도 시 발생하는 부수비용은 양도세 신고대행비용, 중개수수료가 있습니다. 그 외의 부수비용은 필요경비로 인정받기 어렵습니다. 대표적으로 주택담보대출 이자비용이나 매매를 원활히 하기 위한 컨설팅 비용은 필요경비로 인정되지 않습니다. 또 취득세와 달리 주택과 관련된 세금인 재산세 및 종합부동산세 같은 보유세도 필요경비에 포함되지 않습니다.

자본적 지출 vs 수익적 지출 필요경비로 인정되는 것은 '자본적 지출'입니다. 자본적 지출이란 부동산 수명을 연장하거나 가치를 높이기 위해 지출하는 비용입니다. 발코니 새시 설치, 베란다 확장공사가 대표적인 예입니다. 자본적 지출과 헷갈리기 쉬운 비용이 '수익적 지출'입니다. 수익적 지출은 부동산 본래의 기능을 유지하기 위해 발생하는 상대적으로 적은 비용을 말합니다. 벽지·장판의 교체, 싱크대 및 주방기구 교체 비용, 옥상 방수 공사비, 타일 및 변기 공사비 등은 수익적 지출에 해당하므로 양도세 필요경비에 해당하지 않습니다. 대신 이 수익적 지출은 5월 종합소득세 신고 시 '임대수입'에서 비용으로 처리할 수 있습니다.

사실 주택 수선비가 자본적 지출인지 수익적 지출인지 판단하기는 쉽지 않습니다. 이렇게 판단이 어려울 때는 예규나 판례를 찾아보는 수밖에 없죠. 보일러 하나만 봐도 보일러 교체 비용은 자본적 지출이지만, 보일러 수리 비용은 수익적 지출에 해당합니다. 또 똑같은 교체 비용이라도 새시 교체는 자본적 지출, 하수도관 교체 비용은 수익적 지출입니다. 정확하게 구분하기 어려우니 그냥 자본적 지출은 공사규모가 큰 지출이고, 수익적 지출은 공사규모가 비교적 작은 지출이라고 생각하세요.

기타 필요경비로 인정받기 위해서는 비용을 지출한 증빙자료가 필요합니다. 현금영수증이나 세금계산서처럼 적격증빙자료를 받는 것이 가장 좋지만, 깜박하고 증빙자료를 받지 못할 수도 있습니다. 그럴 때는 계좌이체 내역과 공사계약서, 견적서 등의 자료라도 챙겨서 실제로 지출했다는 사실을 입증하면 필요경비로 인정받을 수 있습니다. 이것마저 없다면 실제로 지출했어도 필요경비로 인정받지 못하니 꼭 증빙자료를 잘 챙겨야 합니다.

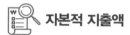 **자본적 지출액**

인정	제외
새시, 베란다, 방 확장공사 비용	벽지, 장판, 싱크대, 주방기구 교체 비용
자바라 및 방범창 설치 비용	외벽 도색
보일러 교체 비용	파손된 유리 또는 기와의 대체
상하수도 배관 교체 공사	문짝이나 조명 교체 미용
전기공사 및 도시가스 공사	옥상 방수 공사비
냉난방 장치의 설치	오수정화 설비 교체, 하수도관 교체비
본래의 용도를 변경하기 위한 개조	타일 및 변기 공사비
개량, 확장, 증설	재해를 입은 자산의 복구 및 도장, 유리 삽입

장기보유특별공제(장특공)

장기보유특별공제는 줄임말로 '장특공'이라고 부르며, 부동산을 장기로 보유하면 양도차익에서 일정 부분을 특별히 공제해 주는 것을 말합니다. 부동산을 오래 보유할수록 장특공을 많이 받을 수 있습니다. 하지만 모든 부동산에 장특공을 적용해 주지는 않습니다. 장특공을 적용받지 못하는 부동산이 있으니 참고하세요. 조정대상지역에 있는 주택도 23년 5월 10일까지는 한시적으로 중과세율 적용이 배제되기 때문에 장특공을 받을 수 있습니다. 장특공과 중과세율 적용배제는 한 세트라고 보면 됩니다. 중과세율 적용배제 주택은 3년 이상 보유 시 무조건 장특공을 적용받을 수 있습니다.

장특공 제외 부동산
- 분양권, 관리처분인가일 이후 전매로 취득한 입주권
- 3년 미만 보유 부동산
- 다주택자가 양도하는 조정대상지역에 있는 중과세율 적용 주택

장특공의 종류 장특공은 2가지 종류가 있습니다. 주택이 비과세 대상이냐 아니냐에 따라 달라집니다. 비과세 대상이 아닌 경우 연간 보유기간의 2% 공제율이 적용되고, 최대 공제율은 15년 이상 보유일 때 받을 수 있는 30%입니다. 장특공 표 2는 보유한 기간뿐만 아니라 거주한 기간까지 고려해서 적용됩니다. 10년 이상 보유만 했다면 최대 40%, 10년 이상 보유 및 거주했다면 최대 80%까지 적용됩니다. 장특공 표 2는 표 1에 비해 공제율이

[표 1] 비과세 대상이 아닌 경우 장특공 적용 비율

보유기간	공제율
3년 이상 4년 미만	6%
4년 이상 5년 미만	8%
5년 이상 6년 미만	10%
6년 이상 7년 미만	12%
7년 이상 8년 미만	14%
8년 이상 9년 미만	16%
9년 이상 10년 미만	18%
10년 이상 11년 미만	20%
11년 이상 12년 미만	22%
12년 이상 13년 미만	24%
13년 이상 14년 미만	26%
14년 이상 15년 미만	28%
15년 이상	30%

 [표 2] 비과세 대상의 장특공 적용 비율

주택 보유 및 거주기간		2년	3년	4년	5년	6년	7년	8년	9년	10년 이상
1주택	보유	–	12%	16%	20%	24%	28%	32%	36%	40%
	거주	8%	12%	16%	20%	24%	28%	32%	36%	40%
	합계	8%	24%	32%	40%	48%	56%	72%	72%	80%

비과세 대상: 1세대1주택, 2년 이상 보유 및 거주한 경우

높은 만큼 반드시 2년 이상 거주해야 합니다. 거주의무가 없는 비과세 대상 주택이라도 2년 이상 거주하지 않으면 표 2가 아닌 표 1의 장특공이 적용됩니다.

보유기간/거주기간　장특공 적용을 위한 보유기간은 해당 주택의 취득일부터 양도일까지를 계산합니다. 거주기간은 해당 주택의 취득일 이후 거주한 모든 기간을 통산합니다. 만약 9년 11개월 보유한 주택을 양도하면 9년에 해당하는 장특공을 적용받습니다. 1개월만 더 보유한 후 양도했다면 10년에 해당하는 장특공을 적용받아서 양도세를 적게 낼 수 있었을 것입니다. 최대한 보유기간을 딱 맞게 채워서 양도하는 것이 좋습니다.

양도소득 기본공제

양도소득 기본공제는 250만 원입니다. 미등기부동산을 제외한 모든 부동산에 적용됩니다. 보유기간과 무관하며, 연간 1회만 공제받을 수 있습니다. 예를 들어 22년에 부동산을 3회 양도했으면 양도할 때마다 세 번 다 공제받는 것이 아니라 처음에 양도한 부동산 하나에 대해서 1회만 적용됩니다.

상황별 부동산 양도세율

양도소득세율은 자산의 종류, 보유 주택수, 보유기간에 따라 다릅니다. 지난 몇 년 동안 주택가격 안정화를 위해 여러 번 개정된 결과, 현재 역사상 최고 수준의 양도세율이 적용되고 있습니다. 가장 높게 적용되는 것은 주택 분양권입니다. 주택 분양권은 비조정지역에, 1주택자, 2년 이상 보유했어도 기본세율이 적용되지 않습니다. 누가 어떤 분양권을 양도해도 최저세율이 무려 60%에 달합니다. 다만 오피스텔 분양권은 주택이 아니라 '기타 부동산'에 해당합니다.

 상황별 부동산 양도세율

보유기간	1년 미만 보유		1년 이상~2년 미만		2년 이상	
양도주택 해당 지역	조정지역	비조정지역	조정지역	비조정지역	조정지역	비조정지역
1주택 보유	70%	70%	60%	60%	일반세율	일반세율
2주택 보유	70%	70%	60% 또는 일반세율 +20%	60%	일반세율 +20%	일반세율
3주택 이상 보유	70% 또는 일반세율 +30%	70%	60% 또는 일반세율 +30%	60%	일반세율 +30%	일반세율
입주권	70%	70%	60%	60%	일반세율	일반세율
분양권	70%	70%	60%	60%	60%	60%
비사업용 토지	50% 또는 일반세율 +10%	50% 또는 일반세율 +10%	40% 또는 일반세율 +10%	40% 또는 일반세율 +10%	일반세율 +10%	일반세율 +10%
상가, 토지 등 기타 부동산	50%	50%	40%	40%	일반세율	일반세율

양도세 기본세율(일반세율)

주택의 양도소득세 기본세율은 흔히 '일반세율'이라고 부르기도 합니다. 종합소득세와 세율이 똑같고, 수입이나 차익에 따라 세율이 올라가는 '누진과세' 방식을 이용합니다. 이 누진과세의 의미를 모른다면 양도세 계산이 헷갈릴 수 있습니다. 예를 들어 양도세 과세표준이 1억인 경우 적용되는 세율이 35%라고 해서 1억×35%=3,500만 원이 양도세가 되는 게 아닙니다. 구간별로 따로 계산해야 하죠. 따라서 차익이 1억이라면 1,200만 원×6%+3,400만 원×15%+4,200만 원×24%+1,200만 원×35%=2,010만 원으로 계산합니다.

예) 양도차익이 1억인 경우

1,200만 원×6% → 1,200만 원까지는 6% 적용
3,400만 원×15% → 4,600까지는 15%, 앞의 1,200+3,400=4,600
이니까 3,400으로 계산
4,200만 원×24% → 8,800까지는 24%, 앞의 1,200+3,400+4200=8800
이니까 4,200으로 계산
1,200만 원×35% → 1억 중 8,800을 뺀 나머지 계산

그래서
(1,200만 원×6%)+(3,400만 원×15%)+(4,200만 원×24%)+(1,200만 원×35%)=2,010만 원

양도소득세 기본세율 = 종합소득세 세율

과세표준	세율	누진세액공제
1,200만 원 이하	6%	−
1,200만 원 초과~4,600만 원 이하	15%	108만 원
4,600만 원 초과~8,800만 원 이하	24%	522만 원
8,800만 원 초과~1억 5천만 원 이하	35%	1,490만 원
1억 5천만 원 초과~3억 원 이하	38%	1,940만 원
3억 원 초과~5억 원 이하	40%	2,540만 원
5억 원 초과~10억 원 이하	42%	3,540만 원
10억 원 초과	45%	6,540만 원

8,800만 원의 세율은 24%이고 8,800만 원 초과분의 세율은 35%입니다. 만약 이에 따라 양도차익 8,800만 원×24%=2,112만 원, 88,801만 원×35%=3,080만 원으로 세금을 부과한다면 고작 1만 원의 추가소득 때문에 양도세가 무려 1천만 원 정도나 추가되는 어처구니없는 결과가 발생합니다. 그래서 각 과세표준 구간을 초과하는 소득에 대해서만 해당 세율을 적용하는 것입니다. 복잡해서 간단히 해결하고 싶다면 누진공제 계산을 이용하세요. 양도소득이 1억이라면 1억×35%−누진공제 1,490만 원=2,010만 원이 되죠. 위에서 복잡하게 계산한 것과 같은 결과가 나온다는 걸 알 수 있습니다.

23년부터 바뀌는 양도세 기본세율

현행			개정안	
과세표준	**세율**		**과세표준**	**세율**
~1,200만 원	6%		~1,400만 원	6%
1,200만 원~4,600만 원	15%		1,400만 원~5,000만 원	15%
4,600만 원~8,800만 원	24%		5,000만 원~8,800만 원	24%
8,800만 원~1억 5천만 원	35%			
1억 5천만 원~3억 원	38%			
3억 원~5억 원	40%		**동일**	
5억 원~10억 원	42%			
10억 원~	45%			

2년 미만 단기보유 주택, 다주택자의 양도세 앞에서 표로 자세히 풀어놓았지만 한 번 더 짚어보겠습니다. 2년 미만 단기보유 시에는 기본세율과 누진과세 방식이 적용되지 않습니다. 1년 미만 보유 시 70%, 2년 미만 보유 시 60%입니다. 예를 들어 양도차익 1억의 주택을 1년 미만으로 보유했다면 양도세는 1억×70%=7,000만 원입니다. 주택의 단기보유세율이 높으니 적어도 2년 이상 보유하고 처분하세요. 1세대1주택자가 2년 이상 보유하고 처분하면 무조건 기본세율을 적용받을 수 있으니 양도세 걱정을 크게 하지 않아도 됩니다.

그러나 다주택자는 상황이 다릅니다. 2주택만 보유해도 기본세율에 20%

의 세율이 추가되고, 3주택 이상이면 30%가 추가됩니다. 만약 3주택 이상 보유한 다주택자가 2년 미만 보유한 조정지역 주택을 양도하면 '단기보유세율'과 '기본세율+중과세율'의 세액을 비교한 후 둘 중 더 큰 세금을 부과합니다. 3주택자의 최고세율은 75%에 달하기 때문에 단기보유세율보다 높을 수 있습니다.

실전 케이스 스터디

CASE STUDY 01

오피스텔이 공실인 상태에서 처분하면 주택에 해당되나요?

오피스텔을 분양으로 취득해 전혀 임대차하지 않은 상태에서 처분하거나 업무용으로 사용 후에 공실 상태로 처분하면 주택이 아닙니다. 하지만 주거용으로 사용하다가 공실 상태에서 처분하면 주택에 해당합니다. 오피스텔은 업무시설이므로 건축할 때 발코니와 욕조 설치가 금지되어 있습니다. 만약 오피스텔 취득 이후 발코니와 욕조를 설치했다면 내부시설 및 구조를 주거용으로 변경한 것으로 보기 때문에, 업무용으로 사용했더라도 공실로 처분 시 주택으로 과세할 가능성이 큽니다.

Q. 일시적 2주택 비과세를 적용받기 위해 20년에 취득한 분양가 5억의 주택 취득 시기를 최대한 연기하고 싶습니다. 잔금을 100만 원만 남겨두고 잔금 완납일은 미루면 주택 취득 시기가 연기되는 건가요?

A. 잔금청산일은 원칙적으로 거래대금의 전부를 지급한 날을 의미하지만, 그 전부를 이행하지 않았어도 사회통념상 거의 지급되었다고 볼 만한 정도의 대금지급이 이행된 날을 포함합니다. 그러므로 잔금을 100만 원 남겨두었다면 사실상 잔금을 완료했다고 볼 수 있으므로 이미 주택을 취득한 것입니다.

Q. 어머니와 저는 각각 1주택을 보유 중입니다. 저는 현재 무주택인 아버지와 동일세대로 함께 지내고 있고, 어머니와는 별도세대입니다. 부부는 각각 세대를 달리하더라도 동일세대로 보기 때문에 어머니의 주택수와 합산되어 1세대2주택인 건가요?

A. 자녀가 어머니와 생계를 달리하고 있는 별도세대라면, 어머니는 동일세대원이 아니므로 주택수가 합산되지 않습니다. 그러므로 어머니와 본인 모두 각자 1세대1주택입니다.

Q. 실제로 부모님과 함께 거주 중이지만 양도세 비과세 혜택을 받기 위해서 친척집으로 전입신고를 했습니다. 위장전입이 발견되면 양도세 비과세가 되지 않는다는 건 알고 있습니다. 하지만 국세청에서 실제로 어디서 거주하는지 조사할 가능성이 큰가요? 그리고 조사하더라도 일일이 CCTV로 확인할 것도 아니고, 실제로 제가 어디에서 거주하는지는 알 수 없지 않나요?

A. 국세청 인력이 한정적이라서 모든 주택 양도에 대해 실제 거주 여부를 확인하지는 않습니다. 운이 좋다면 위장전입이 적발되지 않아 비과세 혜택을 받을 수도 있습니다. 하지만 주택 양도일 직전에 세대분리를 했다면 세금회피를 위한 의도적인 전입신고로 판단해 실제 거주 여부를 확인할 가능성이 매우 큽니다. 거주자의 직장은 서울인데, 지방에 있는 친척 집에 전입신고가 되어 있다면 현실적으로 매우 이상한 상황이죠? 이럴 때는 조사할 가능성이 큽니다. 국세청은 카드 사용장소, 통신기지국 조회내용 등으로 실제 거주하는 장소를 쉽게 확인할 수 있습니다. 특히 통신기지국을 조회하면 휴대전화 사용장소가 세밀하게 구분되어 나타나기 때문에 속이는 것이 불가능합니다. 따라서 위장전입으로 양도세 비과세를 적용받으려는 시도는 하지 않는 것이 좋습니다. 특히 통신기지국 조회는 휴대폰 사용장소가 세밀하게 구분되므로 이를 속이는 것은 불가능합니다. 따라서 위장전입으로 세대분리를 해 양도세 비과세를 적용받는 시도는 되도록 하지 않는 것이 좋습니다.

Q. 단독주택을 취득하려고 하는데 저는 주택부수토지만 취득하고, 별도세대인 부모님은 건물만 취득하려고 합니다. 이 경우 제가 취득한 주택부수토지도 주택수에 포함되나요?

A. 주택부수토지는 세목별로 적용 방법이 다릅니다. 취득세, 종부세에서는 주택수에 포함됩니다. 하지만 양도세에서는 주택수에 포함되지 않습니다. 1주택 및 다른 주택부수토지를 보유 중이라면 1주택만 보유한 것으로 봅니다. 반면에 건물을 취득한 부모님의 주택수에는 포함됩니다. (주택부수토지 95쪽 참고)

Q. 부모님과 함께 거주 중이며 부모님과 제가 각각 1주택을 보유 중입니다. 군입대 전 회사에 취업해 소득은 충분히 있었습니다. 군입대 후에는 부모님과 세대분리가 되니 부모님의 보유주택을 처분하면 비과세가 가능한가요?

A. 군입대 전에 명확하게 세대분리가 되어 있었다면 군입대 이후에도 세대분리가 인정됩니다. 하지만 군입대 전에 세대분리가 되어 있지 않았다면 부모와 생계를 달리해도 일시적인 퇴거에 해당해 세대분리가 인정되지 않습니다. 부모님과 함께 거주하다가 군입대하면 소득요건을 충족해도 세대분리가 되지 않는 것입니다.

Q. 단독주택에서 부모님과 함께 거주 중입니다. 부모님은 1층에 거주하고, 저는 2층에 거주하고 있습니다. 같은 주소에 거주하고 있지만 다른 층이니 세대분리로 인정받을 수 있을까요?

A. 원칙적으로 동일한 주소라면 세대주는 1명만 가능합니다. 하지만 다가구주택이나 2층 이상 단독주택에서 부모님과 다른 층수에 거주하고 있는 경우 동일한 주소라도 개별로 세대주 등록이 가능합니다. 주민등록등본상 세대원이 아닌 단독 세대주로 전입신고가 가능한 것이죠. 부모님과 동일한 주소에서 거주 중이라도 단독 세대주로 전입신고가 되어 있다면 세대분리로 인정받을 수 있습니다. 다만 관할 주민센터에서 출입문이 따로 구성되어 있는지, 주방 및 화장실이 별도인지 등을 확인한 후 단독주택 구조에 따라 세대주 등록이 불가능할 수도 있으니 참고하세요.

Q. 양도세를 직접 신고했는데 찜찜해서 세무사에게 양도세 계산을 검토받았습니다. 그 결과 양도세를 잘못 계산해 과소신고했다는 사실을 알게 되었습니다. 신고기한으로부터 1년이 지났으며 양도세 1천만 원을 추가로 납부해야 하는 상황입니다. 가산세가 얼마나 발생할까요?

A. 양도세를 잘못 계산해 과소신고하면 2가지 가산세가 발생합니다. 첫 번째는 '과소신고가산세'입니다. 사례자의 경우 과소신고가산세는 추가로 납부해야 할 양도세 1천만 원의 10%인 100만 원입니다. 두 번째는 '납부지연가산세'입니다. 납부지연가산세는 이자 성격의 가산세로 납부기한일로부터 매일 0.022% 이자율로 계산됩니다. 연이자율로 계산하면 약 8%입니다. 1년이 지났다면 1,000만 원의 8%인 80만 원 이상이 나올 겁니다. 납부지연가산세는 매일 늘어나니 하루라도 빨리 수정신고를 하는 것이 좋습니다.

2장

다주택자를 위한
양도세 절세 전략
6가지

01
기회가 생겼을 때
제대로 주택 처분하기

다주택자는 양도세율 중과세 때문에 머리가 복잡할 겁니다. 그래서 이번 장에서는 다주택자의 양도세 절세전략을 따로 뽑아 자세하게 정리했습니다. 특히 23년 5월 9일까지 양도세가 한시적으로 완화됐으니 이 부분을 주의해서 봐야 합니다.

23년 5월 9일까지 주택 처분하기

2022년 5월 10일부터 1년 동안 한시적으로 다주택자 양도소득세 중과를 유예한다는 정책이 나왔죠? 그래서 2년 이상 보유한 모든 주택이 기본세율을 적용받습니다. 하지만 23년 5월 10일부터 다주택자가 조정대상지역의 주택을 양도하면 2주택 이상 보유 시 20%, 3주택 이상 보유 시 30% 이상 중과세율이 적용됩니다. 3주택 이상 다주택자라면 중과세율 적용 시 최대 세율이 무려 45+30=75%에 육박합니다. 지방소득세까지 합하면 무려 82.5%입니다. 예를 들어 3주택 이상의 다주택자가 양도차익 10억의 조정지역 주택을 팔면 중과세율이 적용되어 무려 7.5억이라는 말도 안 되는 세금이 나온다는 말입니다. 이렇게 세금이 많이 나온다면 차라리 자녀에게 증여하거나 그냥 보유하는 것이 나을 겁니다.

안타깝게도 23년 5월 10일 이후 당분간 양도세율이 개정될 가능성은 크지 않습니다. 양도세율은 시행령 개정이 아닌 법안개정을 해야 하므로 국회 동의가 필요하기 때문입니다. 여당과 야당이 합의해야 양도세율을 개정할 수 있는데 현재 분위기로는 야당이 쉽게 동의해 주지 않을 것으로 보입니다. 주택시장가격이 충분히 하락하지 않는다면 양도세율 개정은 어렵다는 것이 업계 대다수의 의견입니다. 그러니 웬만하면 23년 5월 9일까지 처분할 수 있는 주택은 빨리 처분하는 것이 좋습니다.

23년 5월 10일 전에 매도 계약은 했으나 그때까지 잔금을 못 받는다면 어떡해야 할까요? 2022년 말 현재 금리인상과 여러 경제적인 영향으로 주택수요가 급감해 부동산시장에 주택을 내놓아도 처분이 무척 어렵습니다. 설령 매매계약이 되었더라도 23년 5월 9일까지 양도를 완료해야만 중과배제를 적용받을 수 있으니 주의하세요. 만약 매수자의 자금 상황이 23년 5월 9일까지 잔금을 완납할 수 없는 경우라면 남은 잔금은 차용증을 작성하고, 근저당 설정 후 등기를 먼저 이전하는 방법을 활용해야 합니다. 잔금을 다 받지 못하더라도 5월 9일까지 등기를 이전한다면 중과배제를 적용받을 수 있으니까요.

비조정지역 주택 처분하기

　다주택자라도 비조정지역의 주택을 양도한다면 기본세율을 적용받을 수 있습니다. 취득 시점에 조정지역이었는데, 양도 시점에 비조정지역이 되었다면 양도세가 중과되지 않습니다. 반면에 취득 시점에 비조정지역이었는데, 양도 시점에 조정지역이 되었다면 양도세가 중과됩니다. 만약 다주택자가 비조정지역의 주택을 팔았는데, 잔금일 직전에 조정지역으로 변경된다면 어떻게 될까요? 기본세율일 거라고 예상하고 매매했는데 억울하겠죠? 그래서 비조정지역일 때 매매계약을 체결하고 계약금까지 받았다면, 이후 양도일 이전에 조정지역으로 바뀌어도 중과세율이 적용되지 않습니다.

　조정지역해제 권한은 국토교통부 장관에게 있습니다. 이 말은 국회 동의 없이 정부 의지대로 조정지역을 해제할 수 있다는 뜻입니다. 22년 9월에 세종을 제외한 지방과 수도권 일부 지역을 대거 조정지역에서 전면 해제했습니다. 해제된 지역을 살펴보면 가장 근래에 조정지역으로 지정된 지역이 대부분입니다. 이를 토대로 판단하면 지정된 최근 순서대로 조정지역이 해제될 가능성이 클 것으로 예상됩니다. 반면 서울이나 과천, 성남처럼 오래전부터 조정지역으로 지정된 곳은 해제될 가능성이 거의 없습니다. 정리하면 23년 5월 9일 전까지는 서울 및 수도권 중심지처럼 조정지역이 해제될 가능성이 작은 주택을 먼저 처분하고, 조정지역이 해제될 가능성이 큰 김포, 의정부, 인천 일부 지역 등은 좀 더 보유했다가 해제 이후에 양도하는 것이 좋은 절세 전략입니다.

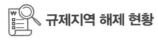 **규제지역 해제 현황**

투기지역 해제	세종
투기과열지구 해제	인천 연수·남동·서구, 세종
조정대상 해제	경기 안성·평택·양주·파주·동두천, 부산 14개구, 대전 5개구, 광주 5개구, 대구 수성, 울산 중·남, 충북 청주, 충남 청안동남·서북·논산·공주, 전북 전주완산·덕진, 경북 포항남, 창원 성산

※2022년 9월 26일 기준(출처: 국토교통부)

조합원 입주권 처분하기

　조합원 입주권은 주택수에는 포함되지만 주택은 아니기 때문에 다주택자가 입주권을 양도하더라도 중과세율이 적용되지 않습니다. 조합원 입주권은 2년 이상 보유하면 기본세율을 적용받을 수 있습니다. 그러므로 관리처분인가가 곧 날 것 같은 주택을 취득해 입주권으로 양도하는 것이 다주택자에게 유리합니다. 서울 같은 투기과열지구는 원칙적으로 입주권 전매제한 때문에 입주권 상태에서 양도하는 것이 불가능합니다. 투기과열지구가 아닌 시흥, 인천지역 등의 지역 중에서 재개발 가능성이 있는 주택을 취득하고 관리처분인가일 이후 입주권으로 양도한다면 중과세율을 피할 수 있을 것입니다.

규제지역 현황 ['22.9.26일 기준]

* ■: 금번 해제지역 / * 주석표시는 일부지역 제외

		투기지역(주택: 16→15곳)	투기과열지구(43→39곳)	조정대상지역(101→60곳)
서울		용산·성동·노원·마포·양천·강서·영등포·서초·강남·송파·강동('17.8.3) 종로·중·동대문·동작('18.8.28)	전 지역('17.8.3)	전 지역('16.11.3)
경기		-	과천('17.8.3), 성남분당('17.9.6), 광명·하남('18.8.28), 수원·성남수정·안양·안산단원[주1]·구리·군포·의왕·용인수지·기흥·동탄2[주2]('20.6.19)	과천·성남·하남·동탄2[주2]('16.11.3), 광명('17.6.19), 구리·안양동안·광교지구[주3]('18.8.28), 수원팔달·용인수지·기흥('18.12.31), 수원영통·권선·장안·안양만안·의왕('20.2.21) 고양·남양주[주4]·화성[주5]·군포·부천·안산[주6]·시흥·용인처인[주7]·오산·안성[주8]·평택·광주[주9]·양주[주10]·의정부('20.6.19) 김포[주11]('20.11.20) 파주[주12]('20.12.18) 동두천시('21.8.30)[주13]
인천		-	연수·남동·서('20.6.19)	중[주14]·동·미추홀·연수·남동·부평·계양·서('20.6.19)
부산		-	-	해운대·수영·동래·남·연제('20.11.20) 서·동·영도·부산진·금정·북·강서·사상·사하('20.12.18)
대구		-	-	수성('20.11.20)
광주		-	-	동·서·남·북·광산('20.12.18)
대전		-	-	동·중·서·유성·대덕('20.6.19)
울산		-	-	중·남('20.12.18)
세종		세종[주15]('17.8.3)	세종[주15]('17.8.3)	세종[주15]('16.11.3)
충북		-	-	청주[주16]('20.6.19)
충남		-	-	천안동남[주17]·서북[주18]·논산[주19]·공주[주20]('20.12.18)
전북		-	-	전주완산·덕진('20.12.18)
전남		-	-	-
경북		-	-	포항남[주21]('20.12.18)
경남		-	-	창원성산('20.12.18)

9월 26일 기준 규제지역 현황(출처: 국토교통부)

02
오직 2주택자만 쓸 수 있는 투자전략 이용하기

2주택자라면 양도세 중과배제되는 주택 중 공시가격 1억 이하의 주택을 소소한 투자처로 이용하기 좋습니다. 도정법상 정비구역 내 주택만 아니라면 수도권이라도 중과배제, 즉 양도세 중과를 받지 않을 수 있습니다. 2주택자만 가능한 투자전략입니다. 1세대1주택자가 수도권 내 1억 이하 주택을 취득하더라도 취득세와 양도세 중과를 모두 피할 수 있습니다. 취득 시점이 아니라 양도 시점에 공시가격 1억 이하여야만 양도세 중과배제가 된다는 단점이 있긴 하지만, 최근 윤석열 정부에서 주택 공시가격 인상을 늦춘다고 발표했으니 당분간은 유지될 가능성이 큽니다. 일시적 2주택, 비과세로 처분하는 것이 당연히 가장 좋습니다. 하지만 거주의무를 충족하지 못해 비과세 혜택을 받지 못한다면, 신규주택을 취득한 후 3년 내에 종전주택을 처분해 다주택자 중과세율이라도 피해야 합니다.

양도세 중과배제 주택(1가구 2주택인 경우)

구분	내용
❶ 지방 저가주택(주택수 제외)	수도권 및 광역시·세종특별자치시 외 지방소재 주택으로 양도 당시 기준시가 3억 원 이하. 단 수도권·광역시·세종특별자치시 읍·면 지역은 기준시가 3억 원 이하 중과제외
❷ 3주택 중과배제주택	3주택 중과배제주택에 해당하는 주택은 2주택도 중과배제
❸ 근무형편 등으로 양도	근무상 형편, 취학, 질병요양 등의 사유로 1년 이상 거주하고 문제가 해소된 후 3년 이내 파는 경우(취득 당시 기준시가 3억 원 이하)
❹ 혼인합가 주택	혼인합가일로부터 5년 이내 주택
❺ 동거봉양 합가주택	노부모 봉양합가일로부터 10년 이내 주택
❻ 소송주택	소송 진행 중 또는 소송으로 취득한 주택(판결 3년 이대 양도)
❼ 일시적 2주택 종전주택	새 주택 취득 후 3년 이내 기존주택을 파는 경우(12·16 부동산대책 조정지역의 경우 1년)
❽ 저가주택	주택 양도 당시 기준시가가 1억 원 이하인 주택 단, 「도시 및 주거환경정비법」에 따른 정비구역 내 주택 제외
❾ 일반주택	1가구가 ❶~❻ 주택을 제외하고 1개 주택만 소유하고 있는 경우 당해 주택

※소득세법 시행령 제167조의 10 참조

03
3주택자 이상이 쓸 수 있는 투자전략 이용하기

지방 저가주택은 다주택자가 중과세율을 피하면서 조정지역에 투자할 수 있는 가장 좋은 전략입니다. 수도권, 광역시, 세종특별자치시 외 지역이어야 해서 큰 의미가 없어 보일 수도 있습니다. 하지만 지방 저가주택은 2가지 장점이 있습니다. 첫 번째, 양도세 중과배제입니다. 물론 수도권, 광역시, 세종시 외의 지역은 대부분 비조정지역이고, 비조정지역은 원래 양도세가 중과배제되니 엄청 좋은 건 아닙니다. 두 번째, 지방 저가주택은 다주택자 양도세율 적용 시 주택수에서 제외된다는 것입니다. 이 두 번째 장점이 중요합니다.

서울 1주택, 비조정지역 3주택(공시가격 3억 초과)을 보유한 다주택자가 서울 1주택을 처분해도, 현재 4주택자이므로 다주택자 중과세율이 적용됩니다. 하지만 서울 1주택, 지방 저가주택 3주택(공시가격 3억 이하)을 보유한 다주택자가 서울 1주택을 처분하면 다주택자 중과세율이 적용되지 않습니다. 지방 저가주택 3주택은 모두 주택수에서 제외되기 때문에 1주택만 보유한 것으로 보기 때문입니다. 단, 세율 적용 시에만 주택수에서 제외하는 것일 뿐 1세대1주택으로 비과세 혜택을 받을 순 없습니다. 만약 서울주택을 비과세받고 싶다면 지방 저가주택을 모두 처분한 후 1세대1주택 상태에서 처분해야 합니다.

주의사항은 양도 당시 지방 저가주택의 기준시가가 3억 원 이하여야 한다는 것입니다. 위 예의 경우 서울주택을 양도할 때 지방 저가주택 기준시가가 3억 원을 초과하면 주택수에 포함되어 서울주택에 중과세율이 적용됩니다.

양도세 중과배제 주택(1가구 3주택인 경우)

구분	내용
❶ 지방 저가주택 (주택수 제외)	수도권 및 광역시·세종특별자치시 외 지방소재 주택으로 양도 당시 기준시가 3억 원 이하. 단 수도권·광역시·세종특별자치시 읍·면 지역은 기준시가 3억 원 이하 중과 제외
❷ 장기 임대주택	임대개시일 당시 기준시가 수도권 6억 원, 지방 3억 원 이하 주택 준공공임대주택으로 8년 이상 임대(2018. 9. 14. 이후 취득분은 비조정지역만 혜택) 단기임대주택으로 5년 이상 임대(2018. 3. 31.까지 등록분에 한함)
❸ 조세특례제한법 감면대상 주택	장기임대주택(조특법 제97, 제97의 2), 미분양주택(제98~98의 3, 제98의 5~8), 신축주택(제99~99의 3)
❹ 장기사원용 주택	종업원에게 10년 이상 무상제공하는 사용자 소유 주택
❺ 문화재 주택	문화재보호법 지정문화재, 등록문화재 주택
❻ 상속주택	상속주택으로서 상속일로부터 5년이 지나지 않은 주택
❼ 저당권 등 취득주택	저당권 실행 또는 채권변제를 대신해 취득한 주택(3년 이내 양도)
❽ 장기 가정어린이집	5년 이상 가정어린이집으로 사용하는 주택 (시·군·구 인가 및 사업자등록)
❾ 일반주택	1가구가 ❶~❽ 주택을 제외하고 1개 주택만 소유하고 있는 경우 당해 주택
❿ 조정대상지역 지정 이전 계약주택	조정대상지역 공고가 있은 날 이전에 해당 지역의 주택을 팔기 위해 매매계약을 체결하고, 계약금을 받은 사실을 증빙서류로 확인할 수 있는 주택
⓫ 10년 이상 보유한 주택	10년 이상 보유한 주택을 2020년 6월 30일까지 팔 경우

※소득세법 시행령 제167조의 3 참조

04
손해 본 부동산과
중과주택 함께 처분하기

부동산 투자가 항상 성공할 수는 없습니다. 투자를 잘
못해 원래 취득한 가격보다 시가가 낮아지면 손실이 날 수도 있지요. 속상하
지만 그렇다고 투자손실이 난 부동산이 아무 쓸모가 없는 것은 아닙니다. 양
도세는 동일한 연도에 처분한 모든 부동산의 이익과 손실을 통산해 계산합
니다. 한 부동산에서 큰 양도손실이 발생했는데, 다른 부동산에서 작은 양
도차익이 생겼다고 해서 양도세를 중과하는 건 과세형평에 맞지 않다고 보
는 거죠. 부동산 종류에 따라 통산하는 게 아니라 토지, 상가, 주택 등 모든
부동산의 이익과 손실을 통산합니다. 다주택자 중과세율이 적용되는 주택과
기본세율이 적용되는 상가도 통산합니다. 적용되는 양도세율이 달라도 이익
과 손실의 통산이 가능하다는 걸 기억하세요.

예를 들어 1억 투자손실이 발생한 상가와 2억 투자이익이 발생한 중과대

상 주택을 같은 연도에 처분했습니다. 이런 경우 상가에 대한 손실 1억을 제외하고 나머지 1억에 대해서만 주택 양도세가 부과됩니다. 처분순서와 상관없이 납부할 양도세는 같습니다. 손실이 난 상가를 먼저 처분하고, 이익이 난 주택을 양도할 때 상가손실을 적용해 양도세를 적게 낼 수 있습니다. 반대로 이익이 난 주택을 먼저 처분해 양도세를 많이 낸 후 나중에 손실이 난 상가를 처분하면서 주택 양도소득을 적용해 기납부한 양도세를 환급받을 수도 있습니다.

만약 각 부동산의 손실과 이익을 합산하지 않고 독립적으로 신고했다면, 다음 해 5월 양도소득세 확정신고를 해 양도세를 환급받을 수도 있습니다. 다만 부동산 투자손실에 대해서는 손실이 난 부동산을 처분한 당해연도에만 이익과 통산할 수 있고, 다음 연도로 이월해 적용해 주지 않으니 주의하세요. 예를 들어 22년에 손실 난 토지를 양도하고, 23년에 중과대상 주택을 양도하면 토지의 투자손실과 주택의 투자이익이 통산되지 않습니다. 투자손실이 발생한 부동산과 이익이 발생한 부동산을 반드시 동일한 연도에 처분해야 양도세를 절세할 수 있습니다.

05
이익 본 부동산
1년에 1채씩만 양도하기

　　이익이 난 부동산을 동일한 해에 2채 이상 양도할 때도 양도소득을 모두 통산해 양도세를 재계산합니다. 양도소득 1억의 비조정지역 1채를 양도하면 양도소득세율이 적용되는 구간은 35%이고, 양도세는 약 1,920만 원이 발생합니다. 양도소득 1억의 비조정지역 2채를 양도하면 동일한 조건이니까 양도세도 똑같이 각각 1,920만 원일까요? 두 번째로 양도하는 주택은 기본공제 250만 원이 적용되지 않아서 양도세가 2,000만 원이 됩니다. 여기에 동일한 해에 2채 이상 양도했으므로 다음 해 5월에 양도세 확정신고 의무가 생기죠. 양도세 확정신고 시 주택 2채의 양도소득을 합산해 2억으로 재신고해야 합니다. 양도소득이 많아졌으니 적용되는 양도세율도 오르고, 그 결과 양도세 1,640만 원이 추가로 발생하게 됩니다.

　　다만 동일한 연도에 양도차익이 발생한 부동산을 2채 이상 양도했어도 무조건 양도소득을 합산해 재계산하는 건 아닙니다. 기본세율이 적용되지 않는 부동산을 동일한 연도에 처분하는 경우라도, 양도소득 합산 시 적용되는 세율은 무조건 기본세율입니다. 그래서 적용되는 세율이 다른 경우에는 양도소득이 합산되지 않을 수도 있다고 말하는 것입니다.

예를 들어 양도차익 1억의 조정지역 주택(3주택자 중과세율+30% 적용)을 2채 처분하면 각각의 양도세는 4,800만 원이 넘고, 총양도세는 9,850만 원 정도가 발생합니다. 그런데 양도소득을 합산해 기본세율로 적용하면 양도세가 5,560만 원이니 오히려 줄어들게 됩니다. 이렇게 되면 좋겠지만 양도소득을 합산해 계산했는데 오히려 양도세가 더 적어지면 양도소득을 합산해 과세하지 않으니 참고하세요.

기존 양도세 신고내역

	비조정주택 1	비조정주택 2
양도차익	1억 원	1억 원
기본공제	250만 원	×
세율	기본세율 (35%)	기본세율 (35%)
양도세	1,920만 원	2,000만 원

양도소득 합산

	부동산 양도소득
양도차익	2억
기본공제	250만 원
세율	기본세율(38%)
양도세	5,560만 원
기납부세액	3,920만 원
추가납부세액	1,640만 원

06
공동명의로 사고, 중과주택은 증여나 용도 변경하기

배우자 공동명의로 주택 취득하기

주택을 단독명의로 취득할지, 배우자와 공동명의로 취득할지 고민되는 경우가 있습니다. 양도세를 생각한다면 무조건 공동명의가 유리합니다. 양도세는 각자 보유한 주택지분에 대해 명의자별로 개별과세를 합니다. 양도차익 2억의 부동산을 단독명의로 취득하고 양도한 경우 양도세는 5,560만 원입니다. 하지만 50%씩 부부 공동명의로 취득했다면 양도차익 2억에 대해 양도세가 나오는 것이 아니라 각각의 양도차익 1억에 대해 과세합니다. 기본공제 250만 원도 부부가 각각 따로 적용받습니다. 양도차익 1억에 대한 양도세는 부부 각자 1,920만 원이며, 합하면 총양도세는 3,840만 원입니다. 배우자 공동명의로 주택을 취득하는 것이 양도세를 절세할 수 있는 가장 쉬운 방법 중 하나라고 말하는 이유도 이것 때문입니다.

중과대상 주택 증여하기

다주택자들이 양도세 폭탄을 피하려고 주택을 증여하는 건 흔히 쓰는 방법입니다. 실제로 배우자 증여공제 6억을 활용하면 양도세를 많이 아낄 수 있습니다. 예를 들어 취득가액 1억인 조정지역 주택이 시가 6억으로 올랐다고 가정합시다. 양도차익이 무려 5억이나 되고, 다주택자 중과세율까지 적용하면 최대 3.2억 이상 양도세가 나오게 됩니다. 하지만 이 주택을 배우자에게 시가 6억으로 증여한 후에 양도하면 양도세가 한 푼도 나오지 않습니다. 배우자가 증여받은 주택의 취득가액은 1억이 아니라 증여받은 시가인 6억이기 때문입니다.

물론 모든 경우에 무조건 주택을 증여하는 게 유리하진 않습니다. 다주택자 양도세보다 증여 시 증여세와 증여취득세가 더 많이 발생할 수도 있으니까요. 일반적으로 12%의 증여 취득세율을 피하려면 공시가격 3억 이하의 주택을, 증여공제금액이 가장 높은 배우자에게 증여하는 것이 좋습니다. 다만 직계존비속이나 배우자로부터 증여받아 취득한 부동산은 5년 이상 보유한 후에 양도해야 증여받은 시가가 취득가액으로 인정됩니다. 배우자가 1억에 취득한 부동산을 시가 5억에 증여받고, 5년 이내에 양도하면 취득가액이 시가 5억이 아니라 배우자가 최초에 취득한 1억이 됩니다. 증여받고 5년이 지난 후 양도해야 취득가격이 5억으로 적용되니 주의하세요. 2023년부터 증여받는 부동산은 5년에서 10년으로 의무보유기간이 연장됩니다. 그러니 양도세를 절세하기 위해 직계존비속이나 배우자에게 부동산을 증여할 거라면 2022년 안에 하는 것이 유리합니다.

중과대상 주택 용도변경 후 양도하기

아파트는 안 되지만, 상가주택이나 오피스텔이라면 용도를 변경해 처분하는 것도 고려해 볼 만한 방법입니다. 조정대상지역의 상가주택을 근린생활시설로 용도변경하거나, 주거용 오피스텔을 업무용 오피스텔로 사용 후 양도한다면 주택이 아니라서 다주택자 중과세를 피할 수 있습니다.

양도세에서는 공부상 용도변경을 했어도 실제로 주거용으로 사용하면 주택으로 본다는 걸 기억하세요. 최근 주택 용도변경으로 세금을 회피하는 사례가 늘어서 국세청이 주시 중입니다. 특히 양도 직전에 변경했다면 양도세 회피 목적이라고 판단하기 쉽습니다. 이런 경우 실제로 상업용으로 사용하고 있는지 확인할 수도 있습니다. 세무서에서 상업용으로 사용한 증거를 제출하라고 요청하기도 합니다. 상가로 사용했다는 것을 입증하려면 기본적으로 임대사업자로 사업자등록이 되어 있어야 하고, 월세에 대한 세금계산서 발행내역도 필요합니다. 세입자도 해당 업종에 맞는 사업자등록이 되어 있다면 더 확실하겠죠. 주의할 것은 건물주든 세입자든 그 건물에 전입신고를 하면 절대 안 된다는 것입니다. 전입신고한 사실이 세무서에 포착되면 바로 주택으로 판단할 수 있습니다.

실전 케이스 스터디

CASE STUDY
02

Q. 다주택자인 부모님이 3억에 취득한 주택이 공시가격 7억, 시가 10억으로 올랐습니다. 지금 양도하는 것이 좋을까요? 무주택자인 제가 증여받고 5년 이후에 양도하는 것이 좋을까요?

A. 2023년 5월 이내에 양도한다면 양도세(지방소득세 포함)는 약 2억 8,400만 원입니다. 증여받는다면 취득세 7억×12%=8,400만 원, 증여세 2억 1,800만 원입니다. 총세금은 약 3억 200만 원이 발생하죠. 계산 결과만 보면 지금 양도하는 것이 세금 측면에서 유리해 보일 수 있습니다. 하지만 주택의 여러 가지 호재들로 인해 가격이 더 오를 것 같다면 자녀가 증여받고 5년 뒤에 양도하는 것이 더 유리합니다. 현재 시가가 10억에서 15억으로 오른다면 부모님이 양도할 경우 양도세는 무려 5억 2천만 원이나 됩니다.

하지만 자녀가 증여받고 세대분리 후 1세대1주택으로 양도하면 양도세는 1억 9,200만 원입니다. 증여받으면서 납부하는 취득세와 증여세를 합해도 총세금은 5억 이하인 거죠. 자녀가 증여받은 주택에서 거주요건을 충족해 비과세로 처분한다면 양도세는 더욱 줄어듭니다. 부모 재산을 자녀에게 이전하는 증여 효과도 무시할 수 없습니다. 그러므로 향후 상승가치가 충분한 주택이라면 당장 낼 세금을 비교하기보다는, 자녀가 세대분리해 1세대1주택 비과세로 처분하는 것까지 고려해 증여하는 것이 더 유리합니다.

아파트를 남편에게 증여받았습니다. 그런데 증여받기 전에 아파트가 너무 낡아서 공사비가 1억 정도 발생하는 대규모 인테리어 공사를 했습니다. 5년 후 양도 시 증여받기 전에 발생한 인테리어 공사비(자본적 지출에 해당)도 필요경비로 인정되나요?

양도자가 주택을 취득한 후에 발생한 비용만 필요경비로 인정됩니다. 그러므로 증여받기 전에 발생한 인테리어 공사비는 필요경비로 인정되지 않습니다. 필요경비로 인정되려면 증여받은 이후에 인테리어 공사를 했어야 합니다. 증여받을 예정인 부동산이 자본적 지출에 해당하는 공사가 필요하다면 증여받은 이후에 진행하세요.

거실확장 공사를 하려고 합니다. 그런데 인테리어 업체에서 본래 공사비용 3천만 원에서 10%로 할인해 줄 테니 공사대금을 계좌이체가 아닌 현금으로 달라고 요구했습니다. 공사대금을 현금으로 주면 지출 증빙자료가 없으니 필요경비로 인정받지 못할 텐데요. 공사비용을 할인받는 것이 더 유리할까요? 할인 없이 현금영수증이나 세금계산서를 받는 게 유리할까요?

결론부터 말하면 양도차익이 조금이라도 있을 것 같으면 공사대금 할인보다 현금영수증을 발행받는 것이 좋습니다. 양도차익이 8천만 원만 돼도 양도세율은 24%입니다. 공사비용 3천만 원을 필요경비로 인정받을 수 있으면 3천만 원×24%=720만 원의 양도세가 절감된다는 의미입니다. 양도세율이 10% 이상 적용될 가능성이 크니 공사비용 할인 300만 원보다 필요경비로 인정받아 양도세를 절세하는 것이 더 유리합니다.

Q.

2014년에 15억에 취득한 주택을 1세대1주택으로 보유하고 있습니다. 취득한 이후 임대만 하고 있어서 거주한 적은 없고, 현재 시가는 40억입니다. 2024년에 처분할 예정인데 거주하지 않아도 비과세가 적용되니 굳이 거주할 필요 없이 양도해도 불이익은 없겠죠?

A.

양도가액이 높으면 비과세가 적용되어도 양도세가 많이 발생합니다. 12억을 초과하는 부분에 대해서는 과세되기 때문입니다. 양도차익 25억×(40억−12억)/40억으로 계산하면 과세대상인 양도차익은 17.5억입니다. 임대만 하고 본인이 직접 2년 이상 거주하지 않았으니 장특공 표 1이고, 보유기간 10년에 대해 20%의 장특공이 적용됩니다. 양도차익 17.5억에서 20%의 장특공을 적용하면 양도세는 약 6.2억입니다. 만약 2년 이상 거주한다면 장특공 표 2를 적용받아 보유기간 10년에 대해 40%의 장특공이 적용될 겁니다. 이렇게 하면 양도세는 약 4.46억이 발생합니다. 거주기간에 따라 양도세가 1.7억 이상 차이가 나는 거죠. 그러므로 고가주택이라면 거주의무 없이 비과세 혜택을 받을 수 있더라도, 2년 이상 거주하고 장특공 표 2를 적용받는 것이 좋습니다.

Q. 주택 양도가액에 따라 양도세가 얼마나 나올지 시뮬레이션해 보고 싶은데 계산이 복잡해서 엄두가 안 납니다. 양도세가 얼마나 나올지 쉽게 알 수 있는 방법은 없을까요?

A. 인터넷으로 국세청 홈택스(www.hometax.go.kr)에 들어가면 '세금모의계산'이라는 메뉴가 있습니다. 거기에 양도일, 취득일, 양도가액 등을 입력하면 양도세가 얼마나 나올지 쉽고 빠르게 알 수 있습니다.

Q. 분양권을 전매로 양도하려는데 분양권 양도세율이 워낙 높다 보니 처분해도 남는 게 거의 없을 것 같습니다. 실제 양도가액보다 계약서의 양도가액을 낮추는 다운계약서에 대한 유혹이 커지네요. 만약 다운계약서를 작성했다가 세무서에 발각되면 어떤 불이익이 있나요?

A. 나중에 발각되면 실제 양도가액에 해당하는 양도세는 물론이고, 과소신고가산세 및 납부지연가산세까지 부과됩니다. 일반적인 과소신고가산세율은 10%지만 다운계약서는 부정행위라서 가산세율이 무려 40%에 달합니다. 가산세뿐만이 아닙니다. 다운계약서는 부동산 실거래가 신고제도를 위반한 행위이므로 취득가액의 5% 이하에 해당하는 과태료도 별도로 부과됩니다. 최근에 관할구청이나 한국부동산원에서 부동산거래신고 정밀조사를 위한 소명요청을 많이 하고 있습니다. 소명을 요구받으면 매매계약서에 따라 매매대금을 이체한 내역을 제출해야 하기 때문에, 다운계약서가 있다면 무조건 발각된다고 봐야 합니다. 이래저래 다운계약서 작성은 하지 않는 게 좋습니다.

3장.

1세대1주택
비과세 전략

01
원칙! 2년 이상 보유 및 거주해야 비과세

"소득이 있는 곳에 세금이 있다!"

조세 정의의 대원칙이죠? 세금이 부과되지 않는 소득은 없다고 봐도 될 정도입니다. 쥐꼬리만큼 받는 월급에서도 세금을 빠짐없이 징수하는데, 수억에 달하는 주택 양도차익에 세금을 한 푼도 내지 않는 건 정말 엄청나게 큰 혜택입니다. 그래서 부동산 세금 절세에 관심 없는 사람이라도 1세대1주택 비과세 혜택을 받는 방법만은 자세히 알아둬야 합니다.

본인은 1세대1주택이라고 생각했는데, 세법상 1세대 다주택에 해당해 비과세 혜택을 받지 못하는 사례가 생각보다 자주 발생합니다. 계속 강조하지만 현재 내가 어떤 상태인가, 1세대 몇 주택에 해당하는가를 정확히 아는 것이 우선입니다. 그래야 나에게 딱 맞는 방법을 찾을 수 있을 테니까요. 양도세에서 보는 주택, 주택수, 주택 보유기간, 1세대 등 양도세 기본 개념은 1장에, 1세대1주택 비과세 관련 내용은 3장에 자세히 풀어두었으니 여러 번 읽어보세요.

조정지역 2년 거주 vs 비조정지역 2년 보유

1세대1주택 비과세 요건은 매우 간단합니다. 비조정지역에서 취득하는 주택은 2년 이상 보유, 조정지역에서 취득하는 주택은 2년 이상 보유 및 거주요건을 충족한 후 양도하면 됩니다. 갭투자로 주택을 취득했다면 2년 이상 보유는 괜찮은데, 2년 이상 거주요건을 충족하기가 어려울 수 있습니다. 비조정지역에서 취득한 주택은 거주요건이 없으니 비과세 적용 여부를 따지기도 매우 쉽습니다.

취득 시점에는 비조정지역이었는데, 양도 시점에 조정지역으로 변경되었더라도 2년 거주의무 없이 비과세가 가능합니다. 반대의 경우엔 어떨까요? 취득 시점에는 조정지역이었는데, 양도 시점에 비조정지역으로 해제되었다면? 이때는 반드시 2년 거주의무를 충족해야 합니다. '2년 거주의무는 주택 취득 시점에 결정'되고, 취득 이후 조정지역 변경 여부는 아무런 영향이 없습니다. 그러니 취득 전에 1세대1주택 비과세 혜택을 받기 위해 거주요건이 필요한지를 먼저 확인하는 게 좋겠죠.

조정지역에서 취득한 주택이라도 거주의무 없이 비과세가 가능한 경우도 있습니다. 1세대 무주택인 상태에서 비조정지역일 때 매매계약을 체결하고 계약금을 지급했다면, 주택 취득일인 잔금일 이전에 조정지역으로 변경되어도 거주의무가 없습니다. 여기서 주의해야 할 점은 매매계약일 당시 1세대 무주택이어야 한다는 것입니다. 계약일에 본인은 무주택이었는데 유주택자인 부모와 함께 거주했다면 1세대 무주택이 아니라서 2년 거주의무가 발생합니다.

과거에는 2년 이상만 보유하면 어떤 주택이든 무조건 1세대1주택을 적용해 주었습니다. 1세대1주택 비과세 거주의무는 주택시장 과열을 진정시키기 위해 만든 제도입니다. 따라서 8.2 대책 이전, 즉 2017년 8월 2일 이전에 취득한 조정지역 주택은 이전 세법이 적용되므로 거주의무가 없습니다. 이것을 '소급적용금지'의 원칙이라고 합니다. 이전 세법을 준수한 납세자에게 새로운 세법이 불리하게 적용된다면, 납세자 보호를 위해 새로운 세법을 과거로 소급해 적용하지 않는다는 원칙입니다. 물론 8.2 대책 이전에 1세대 무주택인 상태에서 계약금을 지급한 경우에도 거주의무가 적용되지 않습니다.

보유 및 거주기간 날짜 계산하는 법

보유기간 계산은 기본적으로 민법을 따릅니다. 민법에서는 기간을 계산할 때 초일불산입 규정을 적용하는데, '초일불산입'이란 당일은 기간에 산입하지 않는다는 뜻입니다. 당일은 뺀다는 거죠. 예를 들어 20년 5월 20일에 주택을 취득했다면 초일불산입 적용 시 주택을 취득한 날인 5월 20일은 보유기간에 들어가지 않습니다. 22년 5월 21일부터 계산되어 23년 5월 20일이 1년 동안 보유한 날이 됩니다.

하지만 양도세에서는 보유기간과 거주기간에 초일불산입 규정을 적용하지 않고, 세법에 따라 규정하고 있습니다. 보유기간은 주택의 취득일부터 양도일까지이며, 거주기간은 주민등록등본에 따른 전입일부터 전출일까지의 기간입니다. 예를 들어 2022년 5월 20일에 주택을 취득했다면 5월 20일도 보유기간에 포함되며 2년을 보유한 날은 2024년 5월 19일이 됩니다. 그러므로 5월 19일에 양도하면 2년 보유한 것이 되는 거죠.

만약 실제로는 2년 이상 거주했는데 깜빡해서 전입신고를 늦게 했다면 어떨까요? 주민등록등본상 거주기간이 2년 미만이라면 상당히 난처해질 수 있습니다. 실질과세의 원칙에 따라 거주상황이 주민등록등본과 다른 경우 실제로 거주한 기간에 따라 적용되긴 하지만, 실제로 거주하기 시작한 날을 입증할 명백한 증거가 필요합니다. 입증할 증거가 없다면 비과세 혜택을 받지 못할 수도 있으니 주의해야 합니다.

예) 세법에서 보는 보유기간
2022년 5월 20일 주택 취득 → 2024년 5월 19일
2년 보유(취득일 당일부터 계산)

02
원칙을 벗어나도
이런 경우라면 비과세

원칙적으로 2년 이상 보유 및 거주요건을 충족해야 양
도세 비과세 혜택을 받을 수 있습니다. 그러나 다음과 같은 상황이라면 보유
및 거주기간을 충족하지 못해도 비과세를 적용받을 수 있습니다. 단, 1세대1
주택이어야 합니다.

보유 및 거주기간 제한이 없는 4가지 예외

가. 「공익사업을 위한 토지 등의 취득 및 보상에 관한 법률」에 의해 수용되는 경우

나. 「해외이주법」에 따른 해외이주로 세대 전원이 출국하는 경우. 다만, 출국일 현재 1주
　　택을 보유하고 있는 경우로서 출국일부터 2년 이내에 양도할 것

다. 1년 이상 계속해 국외거주를 필요로 하는 취학 또는 근무상의 형편으로 세대 전원이
　　출국하는 경우. 다만, 출국일 현재 1주택을 보유하고 있는 경우로서 출국일부터 2년
　　이내에 양도하는 경우에 한한다.

라. 1년 이상 거주한 주택을 취학, 근무상의 형편, 질병의 요양, 학교폭력으로 인한 전학
　　으로 양도하는 경우(비조정지역에서 취득한 주택이라도 1년 이상 거주 필요)

불가피한 사유로 2년 이상 보유 및 거주요건을 충족하지 못하고 주택을 양도해야 하는 상황이 발생할 수도 있습니다. 예를 들어 본인은 주택을 2년 보유 및 거주한 후 비과세로 처분하려고 했는데, 국가 공익사업으로 강제로 주택이 처분될 수도 있죠. 이런 이유로 비과세 혜택을 받지 못하면 억울할 겁니다. 그래서 예외를 인정해 줍니다.

다, 라는 취학·근무 등 법에서 정해진 사유만 인정되며, 사업 등 그 외 개인적인 사유는 인정되지 않습니다. 먼저 거주 문제를 볼까요? 사람이 살아가려면 1주택은 꼭 필요합니다. 여기에 세금을 부과하는 건 국민의 재산권을 침해하는 것이라서 1세대1주택에는 양도세를 과세하지 않는 것입니다. 하지만 국내주택을 취득하지 않아도 되는 외국에 있는 사람까지 비과세를 적용해 줄 이유는 없죠? 양도세 비과세는 매우 큰 혜택이라서 국내에 거주하지 않는 비거주자까지 적용해 주지는 않습니다. 따라서 1세대1주택 비과세 혜택을 받으려면 거주자여야 합니다.

여기서 '거주자'란 대한민국 국민이 아니라 '대한민국에 거주하는 자'를 말합니다. 주거지가 외국에 있는 국민은 비거주자라서 비과세를 적용받을 수 없습니다. 해외 주재원이라면 해외파견기간 이후에는 다시 국내로 돌아와야 하니 현재 국내 비거주자라도 예외적으로 거주자로 인정합니다. 또 현재 비거주자라도 보유기간 및 거주기간에 제한이 없는 경우인 나, 다에 해당되면 비과세가 가능합니다.

취학이나 근무도 예외를 인정해 줍니다. 특히 자녀 취학 때문에 이사를 많이 하는데, 헷갈리면 안 되는 것이 여기서 말하는 '취학'은 고등학교, 대학

교, 대학원입니다. 초등학교, 중학교는 해당하지 않으니 주의하세요. 자녀의
초등학교 전학 때문에 주택을 양도하면 위 요건에 해당하지 않으므로 2년
보유 및 거주요건을 충족해야 비과세 혜택을 받을 수 있습니다.

03
상가주택, 단독주택이라고 안심은 금물!

상가주택이라면 주택면적 확인하기

상가주택이란 1층은 상가, 2·3층은 주택인 건물처럼 한 건물 안에 상가와 주택이 공존하는 건물을 말합니다. 상가 1채만 있어도 비과세 혜택을 받을 수 없습니다. 그런데 보유하고 있는 상가주택의 주택면적이 상가면적보다 크다면 양도할 때 상가까지 주택으로 포함해 1세대1주택 비과세를 적용해 줍니다. 만약 상가주택의 주택면적이 상가면적과 같거나 작다면 주택면적만큼만 주택으로 보고 양도세 비과세를 적용해 줍니다. 사실 이것만으로도 엄청난 세금혜택입니다. 주택 외 부동산은 비과세를 해주지 않으니 참고하세요.

상가 양도세를 비과세받는 유일한 방법은 상가주택입니다. 다만 모든 상가주택에 이런 혜택을 주진 않습니다. 상가주택의 총양도가액이 12억을 초과하면 주택면적이 상가면적보다 크더라도 주택면적만 양도세 비과세를 적용해 줍니다.

단독주택이라면 토지 면적 확인하기 - 주택부수토지

주택은 건물과 토지로 이루어져 있습니다. 주택과 경제적 일체를 이루고 있는 토지로서, 사회 통념상 주거생활 공간으로 인정되는 토지를 '주택부수토지'라고 하며, 주택의 건물과 동일하게 주택으로 취급합니다. 주택부수토지는 면적에 따라 주택에 포함되기도 하며, 주택과 별개의 토지로 보기도 합니다. 아파트 같은 공동주택은 주택의 건물과 토지를 구분해 보유할 수 없고, 건물면적에 비해 토지지분 비율이 적기 때문에 주택부수토지 면적을 고려할 필요가 전혀 없습니다. 하지만 단독주택이라면 상황이 다릅니다. 단독주택은 건물과 토지를 구분해 보유할 수 있고, 건물면적에 비해 토지면적이 큰 경우도 많아서 주택부수토지 면적을 고려해야 합니다. 각 주택의 소재지에 따라 주택부수토지로 인정되는 면적이 다릅니다.

예를 들어 지방에 있는 1세대 1단독주택인데, 건물면적이 100㎡, 토지면적이 800㎡라고 가정해 보겠습니다. 이런 경우 건물면적의 5배인 토지 500㎡만 주택부수토지에 해당되어 비과세 혜택을 받으며, 나머지 토지 300㎡는 비사업용 토지로 양도세가 과세됩니다. 토지면적이 넓은 단독주택은 주택부수토지 면적에 따라 토지 일부에만 비과세 혜택이 적용됩니다.

주택부수토지로 인정되는 면적 기준

주택 소재지		용도	부수토지 인정 기준
도시지역	수도권	주거·상업·공업지역	주택 바닥면적의 3배
		녹지지역	주택 바닥면적의 5배
	지방	구분 없음	주택 바닥면적의 5배
도시지역 외		구분 없음	주택 바닥면적의 10배

*주택부수토지: 주택과 경제적 일체를 이루는 토지로, 사회 통념상 주거생활 공간으로 인정되는 토지를 말한다.

04
상생임대인 제도 활용하기

22년 윤석열 정부에서는 주택 전월세 시장을 안정화하기 위한 비상 대책을 발표했습니다. 기존에 보유한 주택을 2년 이상 임대하고, 임대료 인상을 5% 이내로 하는 경우 실거주기간 1년 인정이었던 것을 2년으로 확대했죠. 이렇게 되면 실거주 없이 비과세 혜택을 받을 수 있다는 의미가 됩니다. 다들 아는 것처럼 서울 같은 조정지역의 1세대1주택 양도세 비과세 혜택을 받으려면 2년 거주가 원칙입니다. 그래서 이 상생임대인 제도만 잘 활용하면 거주요건이 없어진 것이나 마찬가지인 겁니다. 지방에서 전월세로 살면서 수도권 아파트를 취득한 후 임대해도 양도세 비과세 혜택을 받을 수 있다는 말이니까요. 세금혜택이 이렇게 크다 보니 상생임대인 요건 충족도 다소 까다롭습니다.

상생임대차계약의 3가지 조건

상생임대차계약을 21년 12월 20일부터 24년 12월 31일까지 체결해야 합니다. 상생임대차계약을 이 기간 내에 체결하기만 하면 되고, 그에 따른 임대 시작일은 24년 12월 31일 이후라도 괜찮습니다. 25년 5월부터 실제로 임대가 시작되더라도 24년 12월까지 계약을 체결했다면 상생임대차계약에 해당됩니다. 상생임대차계약의 임대차기간은 2년 이상이어야 하고, 직전계약 대비 임대료를 5% 내로 인상해서 계약해야 합니다. 이 조건을 충족하려면 직전에 임대차계약이 있어야 합니다. 새로 지은 아파트라면 직전계약이 없으니, 한 번 임대차계약을 하고 난 후에야 상생임대차계약을 할 수 있다는 뜻입니다.

1. 21년 12월 20일~24년 12월 31일까지 체결된 계약만 인정
2. 임대 계약기간이 2년 이상일 것
3. 직전계약 대비 5% 내의 임대료 인상

직전계약의 2가지 조건

이 '직전계약'의 정의를 정확하게 알아야 상생임대인 제도를 잘 활용할 수 있습니다. 먼저 주택 취득 후에 임대차계약을 직접 해야 한다는 조건이 있습니다. 갭투자로 승계받은 임대차계약은 내가 직접 한 것이 아니라 이전 집주인이 한 것이라서 직전계약이 아닙니다. 이런 경우에는 승계받은 임대차계약이 끝나고 새로 임대차계약을 해야 됩니다. 이 직전계약이 끝나고 한

번 더 임대할 때 상생임대차계약을 할 수 있는 거죠. 또 실제로 임대한 기간이 1년 6개월 이상이어야 합니다. 직전계약이 2년이었는데 임차인 사정으로 1년만 살고 나갔다면 직전계약이 아닙니다. 이것 말고 다른 요건은 없습니다. 임차인이 변경되어도 되며, 묵시적 갱신, 계약갱신청구권 사용 등 모두 직전계약에 해당합니다.

1. 임대인이 직접 임대차계약을 할 것
2. 실제로 임대한 기간이 1년 6개월 이상일 것

상생임대차계약 후 매도 조건 - 1세대1주택, 2년 임대완료

매도도 잘해야 합니다. 우선 양도세 비과세 원칙에 따라 상생임대주택도 1세대1주택으로 매도해야 합니다. 일시적 2주택은 괜찮지만, 다주택자인 상태에서 상생임대주택을 매도하면 1세대1주택이 아니라서 비과세되지 않습니다. 또 상생임대차계약에 따라 반드시 2년 이상 임대완료 후 매도해야 합니다. 상생임대차계약만 체결하고 임대기간 종료 전에 매도하면 안 됩니다. 임차인이 계약기간 중간에 나가도 2년 이상 임대완료가 아니라서 비과세 혜택을 받을 수 없습니다. 임차인의 협조도 필요하겠죠?

상생임대차계약 예시 - 분양아파트

실제로 어떻게 계약해야 상생임대인에 해당하는지 몇 가지 예를 들어보겠습니다.

분양아파트라면 직전계약이 없으므로 신규 임대차계약은 그냥 시세대로 임대료를 받으면 됩니다. 1년 6개월 이상이 지난 후에 두 번째 임대차계약은 5% 내로 인상하면 되겠죠? 두 번째 임대차계약을 24년 말 이내로 하면 상생임대인이 됩니다. 분양아파트의 경우 첫 임차인 입주일이 23년 6월 이내이기만 하면 시간을 최대한 활용해 상생임대인 제도 혜택을 받을 수 있습니다. 다만 분양 잔금을 전세보증금으로 치르면 주택 취득 전에 임대차계약을 한 것이 되어 직전계약에서 제외될 수도 있습니다. 이 부분은 현재 논란이 많으므로 기획재정부에서 추가적인 예규가 나와봐야 정확하게 알 수 있습니다.

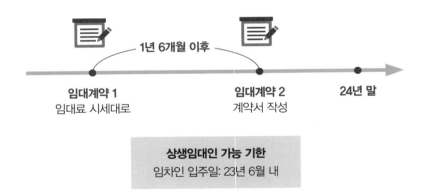

3장. 1세대1주택 비과세 전략

상생임대차계약 예시 - 갭투자

임대계약 일정이 좀 더 빠듯한 경우를 보겠습니다. 이번에는 첫 번째 임대계약이 25년 4월에 종료될 예정입니다. 이러면 24년 말을 지나 25년부터 두 번째 임대계약이 시작되니까 상생임대인이 불가능해 보이죠? 하지만 가능합니다. 임대시작일이 아니라 임대계약일만 24년 말까지 체결해도 되기 때문입니다. 임대 재계약은 임대만료일 6개월 전부터 가능하다는 것을 활용하는 것이죠. 첫 번째 임대계약이 1년 6개월 이상 지났다면, 바로 두 번째 임대계약을 24년 말에 해도 된다는 것입니다.

갭투자는 일단 승계한 임대계약이 끝나야 합니다. 승계 임대차계약이 끝난 후 내가 직접 계약하는 첫 번째 임대를 하고, 1년 6개월 이후 두 번째 임대차계약을 24년 말 전에 하면 됩니다. 가장 빠듯하게는 23년 6월부터 첫 번째 임대계약이 시작되어도 가능합니다. 정리하자면 갭투자의 경우 승계한 임대차계약 종료일이 23년 6월 내라면 상생임대인이 가능하다는 것입니다. 고작 한 달 차이지만, 승계한 임대차계약 종료일이 23년 7월 이후라면 불가능하니 갭투자를 고민하고 있다면 임대차계약 종료일을 잘 고려하세요.

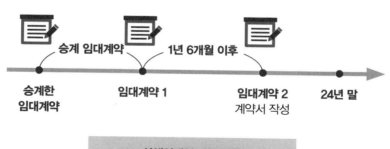

상생임대인 가능 기한
승계한 임대계약 종료일: 23년 6월 내

05
12억이 넘는
고가주택이라면
장특공 사수하기

1세대1주택은 양도세 비과세라고 해서 모든 경우에 양도세가 면제되는 건 아닙니다. 정확히는 양도가액 12억 이하까지만 전액 비과세입니다. 세법에서는 양도가액 12억 초과 시 이를 '고가주택'이라고 부릅니다. 1세대1주택 고가주택이라면 양도차익 12억 초과분의 비율만큼 양도세가 과세됩니다.

> **고가주택 양도차익 = 실제 양도차익 × (양도가액 −12억) / 양도가액**

예를 들어 취득가액이 15억이고 양도가액이 30억인 주택이라면, 총양도차익 20억 중에서 15억×(30억−12억)/30억=9, 즉 9억에 대한 양도세가 과세됩니다. 1세대1주택 비과세를 적용받더라도 양도가액이 높다면 양도세가 제법 많이 나올 수 있습니다. 그래서 고가주택일수록 보유 및 거주기간을 오랫동안 유지해 장기보유특별공제(장특공)를 최대한 많이 받는 것이 중요합니다.

Q.

배우자와 이혼에 합의한 상태입니다. 현재 제 명의로 시가 15억 아파트 1채, 상가 1채가 있습니다. 상가는 제가 그대로 보유하고, 아파트 1채를 배우자에게 재산분할하고자 합니다. 재산분할은 양도세 비과세 대상으로 알고 있습니다. 위 아파트는 1세대1주택 비과세가 적용되니 시가 12억을 초과하는 3억에 대해서만 양도세를 내면 되나요?

A. 배우자와 이혼하면 위자료 또는 재산분할로 재산을 나누게 됩니다. '위자료'는 배우자에게 주는 손해배상 같은 것입니다. 만약 위자료로 주택을 넘겨주면 내 재산을 배우자에게 양도하는 것이므로 1세대1주택 비과세 적용 후 시가 12억 초과분에 대해 양도세가 발생합니다. 위자료는 대가성이 있기 때문에 양도로 보는 것이죠. 하지만 '재산분할'은 부부가 결혼생활 동안

같이 모아온 재산을 분할한다는 의미입니다. 즉 원래 내 것이었던 재산을 나누는 것뿐이라서 대가성이 없으니 양도에 해당하지 않습니다. 양도가 아니기 때문에 시가 12억을 초과하는 주택이라도 양도세가 전혀 나오지 않습니다. 그러므로 이혼한 배우자에게 부동산 명의를 이전할 때는 위자료보다 재산분할 명목으로 하는 것이 좋습니다.

Q. 상생임대차계약 후 임대주택이 재개발 사업으로 멸실되는 바람에 임대기간 2년을 충족하지 못했습니다. 부득이하게 임대기간 2년을 충족할 수 없는 상황인데, 상생임대로 비과세 혜택을 받을 수 있을까요?

A. 상생임대차계약은 무조건 2년 이상 임대해야 합니다. 여기에는 어떠한 예외도 없습니다. 상생임대 기간 중 주택이 멸실되는 경우도 예외사항이 아닙니다. 안타깝지만 상생임대차계약에 해당되지 않습니다.

Q. 차후 다른 집에 투자하더라도 일단 상생임대 조건을 만족한 집은 1주택인 상황을 만들기만 하면 언제든 팔아도 비과세 혜택을 받을 수 있나요?

A. 네, 나중에 1세대1주택으로 상생임대주택을 처분해도 비과세 혜택을 받을 수 있습니다. 처분기한이 따로 없습니다.

상생임대차계약을 하려는데 임차인이 계약갱신청구권 행사자입니다. 세입자가 계약갱신청구권을 행사해 전월세 계약을 연장한 경우 세입자는 언제든 계약을 해지할 수 있다고 하는데요. 중간에 임차인이 2년 임대기간을 채우기 전에 나가면 2년 실거주 면제혜택을 받을 수 없어 걱정입니다. 임대차계약서를 작성할 때 임차인은 절대 임대기간 만료 전에 계약을 해지할 수 없다고 특약을 넣으면 괜찮을까요?

주택임차대법에 따라 계약갱신청구권으로 임대차계약을 한 경우에는 임차인이 언제든 계약을 해지할 수 있습니다. 주택임대차법에 위반된 약정으로서 임차인에게 불리한 것은 효력이 없습니다. 그러므로 임대차계약서에 임대기간 만료 전에 계약을 해지할 수 없다는 특약을 작성해도 무효입니다. 상생임대차계약 시 계약갱신청구권 행사와 겹치게 된다면 세입자가 중간에 계약해지를 하더라도 이를 막을 방법이 없습니다. 그러므로 이 경우 임차인이 협조해 주지 않으면 상생임대제도 혜택은 받을 수 없습니다. 가능하면 상생임대차계약과 계약갱신청구권 사용이 겹치지 않는 것이 좋습니다. 묵시적 갱신, 계약갱신청구권 사용 이외의 임대계약은 임차인 마음대로 계약 중도해지가 불가능하기 때문입니다.

Q. 1세대 무주택자입니다. 첫 주택으로 주거용 오피스텔을 분양받았습니다. 오피스텔 분양 계약일 시점에는 비조정지역이었는데, 잔금일 시점에는 조정지역으로 변경되었습니다. 이 경우에도 계약일 시점을 기준으로 비과세 요건이 정해지니 실거주 2년을 채우지 않아도 비과세가 적용되는 거죠?

A. 지금까지는 주거용 오피스텔도 주택과 동일하게 계약일 시점을 기준으로 비과세 요건이 정해졌습니다. 그런데 2022년 10월 19일에 기재부에서 새로운 예규(기획재정부재산-1312)를 발표했습니다. 요약하면 10월 19일 이후 양도하는 주거용 오피스텔은 계약일이 아닌 잔금일 시점으로 비과세 요건을 판단하니 실거주 2년을 채워야 비과세가 된다는 내용입니다. 주거용 오피스텔은 다른 주택과 달리 분양권 상태에서는 주택에 해당하지 않으니 잔금일 시점에 비과세 요건을 판단하겠다는 뜻입니다. 그러므로 10월 19일 이후에 양도하면 실거주 2년을 충족해야 비과세가 적용되는 거죠. 만약 10월 19일 이전에 매매계약을 했으나 아직 잔금을 받지 못했다면 억울하지만 실거주 2년을 충족해야 합니다.

이번 예규로 오피스텔의 일시적 2주택 요건 또한 바뀔 수 있습니다. 예를 들어 조정지역 주택 보유 중, 비조정지역의 오피스텔 분양권을 계약했는데 잔금일에 조정지역으로 바뀌었다고 가정하겠습니다. 현재는 일시적 2주택 처분기한이 계약일 기준이라 3년입니다. 하지만 이번에 바뀐 예규를 적용하면 기준이 잔금일로 바뀌니 처분기한 역시 2년으로 바뀔 가능성이 매우 높습니다.

Q. 2주택 보유 중인데 22년 6월 2일에 1주택을 양도세 과세로 처분하고, 나머지 1주택(2년 보유 및 거주함)도 곧 처분하려고 합니다. 다주택자는 최종 1주택만 보유한 이후에 그때부터 다시 2년 보유 및 거주해야 비과세가 된다는 이야기를 어디선가 들었습니다. 그럼 1주택 비과세 혜택을 받으려면 24년 6월 2일 이후에 나머지 1주택을 양도해야 하나요?

A. 올해 상반기까지만 해도 다주택자는 보유 및 거주기간 리셋제도를 적용해 최종 1주택이 된 후 다시 2년 이상 보유 및 거주해야 비과세 혜택을 받을 수 있었습니다. 하지만 양도세법이 너무 복잡해지고 주택처분도 어려워지는 현실적인 부작용이 발생해 22년 5월 10일 이후 양도분부터는 이 법이 적용되지 않습니다. 그러므로 지금 바로 1주택을 처분해도 1주택 비과세 혜택을 받을 수 있습니다.

Q. 17년 8월 3일 이전에 아버지가 서울에 있는 주택을 취득하셨는데, 그 주택을 동일세대원 아들인 제가 상속받게 되었습니다. 아버지는 거주의무가 없었지만 저는 17년 8월 3일 이후에 이 주택을 취득하였으니 2년 거주요건을 충족해야 비과세가 적용될까요?

A. 상속 당시 동일세대원이 상속받은 주택은 피상속인의 보유 및 거주기간을 통산하여 비과세 판정과 장기보유공제를 적용합니다. 피상속인이 2년 보유 및 거주요건을 충족했다면 상속인은 언제 처분해도 비과세를 받을 수 있습니다. 원래부터 비과세 대상 주택인데, 이를 동일세대원이 상속받았다고 해서 세 부담이 커지면 불합리하죠. 그래서 일종의 특혜를 주는 것입니다. 마찬가지로 거주의무가 없는 주택을 상속받았다면 상속인 또한 거주 없이 비과세를 받을 수 있습니다. 다만 해당 주택이 조정지역으로 지정되기 이전이나 17년 8월 3일 이전부터 쭉 동일세대원이었어야 거주의무가 없다는 점에 주의하세요. 만약 별도세대였다가 17년 8월 3일 이후에 합가하여 동일세대가 되었거나, 피상속인은 비조정지역일 때 취득했으나 조정지역으로 변경된 이후에 합가한 경우라면 상속 후 거주요건을 충족해야 합니다.

4장.

다주택자
비과세 전략

01
일시적 2주택은 비과세, 2년이냐 3년이냐 그것이 문제로다

다주택자의 비과세라니 뭔가 이상하지 않나요? 1세대1주택 양도세 비과세는 말 그대로 1주택만 보유하다가 양도하는 경우 비과세 혜택을 준다는 뜻입니다. 사람이 사는 데 1주택은 꼭 필요하니까 그 부분까지 세금을 걷지는 않겠다는 거죠. 하지만 살다 보면 이사, 상속, 혼인, 동거봉양 등 여러 이유로 2주택 이상을 보유하게 되는 상황이 발생합니다. 보통은 기존에 살던 집을 처분하는 동시에 이사 갈 주택을 취득합니다. 기존주택 양도가 완료되기 전에 이사 갈 주택을 먼저 취득했는데 2주택이니까 비과세 적용을 해주지 않는다면 심각한 문제가 생길 겁니다. 투기 목적이 아니라 이사 과정에서 어쩔 수 없이 2주택이 된 상황이니까요. 그래서 법에서는 정해진 요건을 충족하면 특별한 몇몇 경우 1세대1주택이 아니더라도 양도세 비과세 혜택을 받을 수 있게 해두었습니다. 물론 기존주택은 당연히 2년 보유 및 거주요건을 충족한 상태여야 합니다.

다주택자가 비과세 혜택을 받을 수 있는 첫 번째 사례가 바로 일시적 2주택입니다. 꼭 이사나 취학, 근무상 형편 등 특별한 사유가 있어야만 하는 것이 아니라 다음 2가지 요건만 모두 충족하면 됩니다.

일반적인 일시적 2주택 비과세 조건
1. 종전주택을 취득한 날로부터 1년이 지난 후 신규주택을 취득할 것
2. 신규주택을 취득한 날로부터 2년 또는 3년 이내 종전주택을 양도할 것

양도기한이 2년인지 3년인지 헷갈린다면! 일시적 2주택에서 주의해야 할 점은 종전주택의 양도기한이 2년인지 3년인지를 파악하는 것입니다. 신규주택 취득 당시 종전주택과 신규주택이 모두 조정지역에 있다면 종전주택의 양도기한은 2년입니다. 여기서 기준은 '신규주택 취득 당시'입니다. 신규주택 취득 시점에서 종전주택이 조정지역인지 아닌지를 확인해야 한다는 것입니다. 이런 경우라면 어떨까요? 종전주택 취득 당시엔 비조정지역이었는데 현재 조정지역으로 변경되었습니다. 그런데 사정이 생겨 조정지역에 있는 다른 신규주택을 취득하게 되었습니다. 종전주택의 양도기한은 언제까지일까요? 현재 둘 다 조정지역에 있으니 2년입니다. 판단하기 애매해서 많이들 헷갈리는 상황이니 주의해야 합니다.

신규주택 취득 당시 두 주택이 모두 조정지역이라도 양도기한을 3년으로 인정해 주는 예외가 3가지 있습니다. 신규주택 취득 당시 종전주택의 양도

기한이 3년이었다면, 이후에 조정지역으로 변경되더라도 이전 세법 그대로 적용해 주는 경우 등입니다.

양도기한 3년을 인정하는 예외의 경우 3가지

1. 신규주택이 조정대상지역으로 지정되기 전에 매매계약을 체결하고 계약금을 지급한 경우
2. 신규주택 매매계약 시점에 종전주택이 비조정지역인 경우(계약 시점과 취득 시점의 기간 차이 인정)
3. 2018년 9월 13일 이전에 조정대상지역의 신규주택을 취득하거나 신규주택의 매매계약을 체결한 경우(18년 9월 13일 이전에는 일시적 2주택의 처분기한이 무조건 3년이었기 때문에 소급적용금지 원칙에 따라 이전 세법 적용)

이제는 신규주택에 전입하지 않아도 된다 세법 개정 전인 22년 5월 9일까지는 종전주택과 신규주택 모두 조정지역일 경우 신규주택 취득일로부터 1년 내 종전주택을 처분하고, 신규주택으로 전입까지 해야만 종전주택이 비과세되었습니다. 22년 5월 10일부터는 세법이 개정되어 종전주택의 처분기한이 2년으로 연장되었고, 신규주택으로 전입할 의무도 사라졌습니다. 개정된 현재 세법은 22년 5월 10일 이후 종전주택 양도분부터 적용됩니다. 그런데 만약 22년 5월 10일 이전에 종전주택을 이미 양도했다면 개정된 현재 세법이 아닌 과거의 세법이 적용됩니다. 즉 신규주택 취득일로부터 1년 이내에 신규주택으로 전입까지 해야 종전주택에 비과세가 적용되니 주의가 필요합니다.

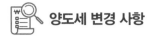 **양도세 변경 사항**

	2주택 모두 조정지역		1주택 이상 비조정지역
	변경 전	변경 후	변경 없음
종전주택 양도기한	1년 내	**2년 내**	3년
신규주택으로 이사	1년 내	**없음**	없음

*적용 시기: 22년 5월 10일 이후 양도분부터 적용

02
혼인, 동거봉양으로 인한 일시적 2주택은 비과세

본인이 주택을 취득한 것은 아니지만 혼인이나 부모님을 모시고 살기 위해 1주택자인 배우자나 부모님과 세대합가한다면 주택수가 늘어나서 1세대2주택자가 됩니다. 하지만 합가 전에 각자 1세대1주택이었다면 비과세를 적용받을 수 있습니다.

혼인 - 처분기한 5년

각자 1주택을 보유한 사람끼리 혼인하면 1세대2주택이 되지만, 혼인한 날로부터 5년 이내에 먼저 양도하는 주택은 1세대1주택으로 봐서 비과세가 적용됩니다. 물론 나중에 양도하는 주택은 당연히 1세대1주택이므로 이 역시 비과세가 적용됩니다. 즉 두 주택 모두 비과세가 되는 것입니다. 여기서 '혼인'이라 함은 '혼인신고를 한 날'을 말합니다. 앞에서 '1세대'의 개념을 알아볼 때 배우자란 혼인신고를 한 법적인 배우자만을 의미하고, 사실혼 배우자는 가족이 아닌 타인에 해당된다고 했습니다. 혼인신고를 하지 않고 사실혼 관계에 있는 경우 어차피 같이 동거해도 동일세대가 아니므로 주택수는 전혀 합산되지 않습니다. 부득이한 경우 혼인신고를 최대한 늦게 할수록 처분기한이 연장되는 셈이므로 비과세 혜택을 받기에 유리합니다.

부모님과의 합가, 동거봉양 - 처분기한 10년

동거봉양은 만 60세 이상인 부모님을 모시고 살기 위해 합가하는 경우를 말합니다. 합가한 날로부터 10년 이내에 먼저 양도하는 주택은 1세대1주택으로 봐서 비과세가 적용됩니다. 동거봉양과 혼인 둘 다 일시적 2주택으로 인정하지만, 동거봉양 처분기한이 10년으로 더 긴 편입니다. 동거봉양에는 배우자의 부모도 포함되며, 부모님 둘 중 한 명만 만 60세 이상이면 적용됩니다. 여기서 중요한 부분은 합가하는 날을 기준으로 만 60세 이상이어야 한다는 것입니다. '세대합가'란 자녀와 부모가 별도세대였다가 동일세대로 합치는 것을 의미합니다. 처음부터 부모와 세대분리한 적이 없이 쭉 동일세대였다면 세대합가에 해당하지 않습니다. 반드시 부모님과 별도세대였다가 부모님이 만 60세 이상이 되었을 때 다시 세대합가를 해야 적용되니 주의하세요.

03
상속으로 인한
일시적 2주택은 비과세,
특례상속주택

1세대1주택인데 상속으로 1주택을 더 취득하더라도 원래 보유 중인 주택을 처분하면 비과세 혜택을 받을 수 있습니다. 상속으로 인한 일시적 2주택의 경우 혼인, 동거봉양과 달리 처분기한이 따로 없습니다. 단, 상속주택을 먼저 처분하면 비과세 혜택을 받을 수 없으니 주의하세요. 이럴 때는 보유 중이던 기존주택을 먼저 처분해야 합니다. 부모의 재력이나 형제자매의 수에 따라 워낙 다양하니 상속 문제도 다소 복잡합니다. 여기서는 그중 가장 자주 보는 상황에 대해 알아보겠습니다.

여러 자녀가 여러 주택을 상속받을 때

만약 돌아가신 부모님이 다주택자여서 상속주택이 여러 채라면 정해진 순위에 따라 그중 딱 1주택만 특례상속주택 혜택을 받을 수 있습니다. 1순위를

만족하는 주택이 여러 채라면 그다음 순위 주택이 특례상속주택이 됩니다.

예를 들어 부모님이 10년 보유한 A 주택, 5년 보유한 B 주택을 상속받게 되었습니다. 각자 1세대1주택인 두 자녀가 1채씩 물려받았다면 A 주택만 특례상속주택이 되고, A 주택을 상속받은 자녀만 상속으로 인한 일시적 2주택 혜택을 적용받아 처분기한이 따로 없습니다.

B 주택을 상속받은 자녀는 특례상속주택이 아니라 일반주택 취득과 같습니다. 다만 일시적 2주택은 적용되니 2년 또는 3년 이내에 기존 보유주택을 처분해야 비과세가 됩니다. B주택을 상속받은 자녀가 기존 보유주택을 취득한 지 1년 이내라면 일반적인 일시적 2주택도 적용되지 않습니다. 그러므로 부모님의 상속주택이 여러 채라면 특례상속주택은 1주택 보유자, 그 외 주택은 무주택자가 상속받는 것이 유리합니다. 무주택자가 상속받는 주택은 어차피 1세대1주택이므로 비과세가 가능하기 때문입니다.

 특례상속주택의 우선순위

우선순위	내용
1순위	피상속인이 소유한 기간이 가장 긴 1주택
2순위	1순위에 따른 주택 중 피상속인이 거주한 기간이 가장 긴 1주택
3순위	1순위와 2순위에 따른 주택 중 피상속인이 상속개시 당시 거주한 1주택
4순위	1순위에 따른 주택 중 기준시가가 가장 높은 1주택
5순위	4순위에 따른 주택 중 상속인이 선택한 1주택

여러 자녀가 1채를 공동명의로 상속받을 때

특례상속주택 1채를 공동명의로 상속받는 경우 공동으로 상속받는 자 중 딱 1명만 소유자가 되어 주택수에 포함되며, 나머지 상속인의 주택수에는 포함되지 않습니다. 상속주택의 소유자는 상속지분이 가장 큰 상속인, 상속주택에 거주한 자, 최연장자 순으로 판정합니다.

예를 들어 각자 1세대1주택자인 형과 동생이 지분 50%씩 주택을 상속받았습니다. 상속지분은 동일하므로 그 다음 순위인 상속주택에 거주한 자가 소유자가 되며, 거주한 자가 없다면 연장자인 형이 소유자가 됩니다. 동생은 공동상속주택이 주택수에 포함되지 않으니 기존주택 양도 시 비과세 혜택을 받을 수 있습니다. 물론 형도 특례상속주택 혜택을 받을 수 있습니다.

여기까지만 보면 형과 동생 모두 별 차이가 없어 보이죠? 둘 다 똑같이 기존 보유주택에 비과세 혜택을 받을 수 있으니까요. 하지만 미세한 차이가 있습니다. 형은 상속 이후 취득하는 주택에는 비과세가 적용되지 않습니다. 반드시 공동상속주택을 먼저 처분한 후 1세대1주택이 된 상태에서 신규주택을 처분해야 합니다. 상속주택 소유자가 아닌 동생은 주택수에 포함되지 않으니 공동상속주택 처분과 상관이 없습니다.

또 주의할 것이 있습니다. 특례상속주택은 상속인과 피상속인이 별도세대일 경우에만 적용된다는 것입니다. 상속인이 피상속인과 세대분리되어 1세대1주택이었는데, 상속주택으로 인해 다주택자가 되는 경우에만 특례상속주택으로 인정합니다. 상속 이전부터 동일세대였다면 애초부터 1세대 다주택이라서 비과세 대상이 아니니 혜택을 주지 않습니다. 물론 동거봉양으로 인한 일시적 2주택 상황이었다면 원래부터 비과세 대상이었겠죠? 이런 경우만 예외적으로 동일세대라도 특례상속주택으로 인정합니다.

한 자녀가 여러 주택을 상속받을 때

상속인이 혼자고 부모님에게 2주택 이상을 상속받는다면 주택 처분순서가 매우 중요합니다. 이때는 어쩔 수 없이 일부 상속주택은 비과세 대상이 아니라서 양도세를 납부해야 합니다. 우선 특례상속주택 외 나머지 상속주택을 먼저 양도세를 내고 처분하세요. 그 이후 기존주택과 특례상속주택만 보유한 상태에서 기존주택을 처분하면 비과세 혜택을 받을 수 있습니다.

04
일시적 3주택도 비과세?
특별한 경우라면 YES!

일시적 2주택은 비과세 대상이지만, 3주택이라면 원칙적으로 비과세 대상이 아닙니다. 하지만 일반적인 일시적 2주택과 혼인, 동거봉양, 상속이 중첩으로 적용되어 1세대3주택인 경우라면 비과세 혜택을 받을 수 있습니다. 일시적 3주택은 실무적으로 굉장히 복잡한 사례라서 꼭 전문가와 상담하길 권합니다. 굉장히 예외적이라서 소득세법 집행기준에서 열거한 몇 가지 경우에만 해당합니다. 일시적 3주택은 주택처분 순서에 따라 3주택 모두 비과세 혜택을 받을 수도 있습니다.

상속주택 + 일시적 2주택

일반주택 A를 보유 중인데 상속주택 B를 받았습니다. 마침 일이 생겨 주택 C를 취득해야만 했습니다. 이런 경우 일시적 2주택 처분기한 내에 일반주택 A를 처분하면 A 주택은 3주택자라도 비과세 혜택을 받을 수 있습니다. 하지만 주택 A 처분 후 상속주택 B를 처분하기 전에 주택 C를 먼저 처분하면 비과세가 적용되지 않습니다. 상속주택 B와 일반주택 C가 다시 일반적인 일시적 2주택이 되는 것입니다. 그러므로 상속 이후 1년이 지난 후 C 주택을 취득해야 하며, 상속주택 B를 처분기한 2년 또는 3년 이내에 먼저 처분해야 비과세가 가능합니다.

일시적 2주택자 + 1주택자

일시적 2주택자와 1주택자가 혼인, 동거봉양으로 합가하는 경우에도 비과세가 가능합니다. 이 경우에는 일시적 2주택의 종전주택을 처분하면 비과세가 적용되고, 이후 5년 또는 10년 이내에 양도하는 주택 또한 비과세가 됩니다. 마지막으로 남은 1주택도 당연히 비과세가 적용되므로 결국 3주택 모두 비과세 혜택을 적용받을 수 있습니다.

1주택자끼리 혼인, 동거봉양 합가 이후 다른 주택 C를 취득한 경우에도 3주택 모두 비과세가 가능합니다. A, B 주택 중에 먼저 처분한 주택이 A라면 A 주택은 혼인, 동거봉양 특례로 비과세가 적용됩니다. 이후 남은 주택은 C 주택과 일반적인 일시적 2주택이 적용되므로 남은 주택도 처분기한 내에 양도하면 비과세가 적용됩니다. 마지막으로 남은 C 주택은 1주택이므로 1세대1주택 비과세가 적용되는 식입니다. 뭔가 복잡하게 보이지만 이런 경우는 다 혜택을 받을 수 있다고 생각하면 됩니다.

집행기준 89-155-27 일시적 1세대3주택 비과세특례 적용 사례

유형	비과세특례 적용 요건
일반주택(A) + 상속주택(B) + 다른 주택(C)	C 주택 취득일로부터 2년[1] 이내 양도하는 A 주택
일시적 2주택 (A, B) + 혼인합가주택(C) 또는 동거봉양합가주택(C)	① B 주택 취득일로부터 2년[1] 이내 양도하는 A 주택 ② A 주택 양도 후 합가일로부터 5년 이내 양도하는 B 주택 또는 C 주택
혼인합가2주택 (A, B) 또는 동거봉양합가2주택 (A, B) + 다른 주택(C)	합가일로부터 5년 이내 및 C 주택 취득일로부터 2년[1] 이내 양도하는 A 주택 또는 B 주택

1 일시적 2주택 처분기한(2년 또는 3년)

05
농어촌 주택, 고향 주택
투자처로 활용하기

지방 농어촌 주택의 거래활성화를 위해 1세대1주택자 또는 일시적 2주택자가 농어촌 주택, 고향 주택을 추가로 취득하는 경우 농어촌 주택 등은 주택수에서 제외되어 기존주택에 비과세 혜택을 받을 수 있습니다. 다만 농어촌 주택 등을 먼저 취득하고 일반주택을 취득하면 주택수에 포함되어 비과세 혜택을 받을 수 없으니 주의하세요. 반드시 일반주택을 먼저 취득한 이후 농어촌 주택 등을 취득해야 합니다.

고향 주택은 농어촌 주택에 비해 거주기간이 필요해 요건이 좀 더 까다로운 대신에 인구 20만 명 이상인 도시지역도 해당된다는 장점이 있습니다. 세법개정으로 23년부터는 농어촌 주택 등의 주택 취득가액 요건이 3억으로 인상될 예정이니 농어촌 주택 등을 적극 활용하는 것도 좋은 방법입니다.

농어촌 주택 비과세 요건

1. 농어촌 주택을 취득해 3년 이상 보유할 것. 농어촌 주택을 3년 이상 보유하기 이전에 일반주택을 먼저 양도하는 것은 가능

2. 농어촌 주택 취득 당시 기준시가가 2억 이하일 것(23년부터 기준시가 3억으로 상향)

3. 일반주택과 농어촌 주택이 동일한 지역 또는 연접한 지역에 있지 않을 것

4. 읍, 면 지역 또는 인구 20만 명 이하의 도시지역에 위치할 것(수도권, 관광단지, 조정 대상지역 등 일부 지역 제외)

고향 주택 비과세 요건(1~3까지는 위와 동일)

4. 가족관계등록부에 10년 이상 등재된 지역이면서 10년 이상 거주한 지역

5. 수도권, 조정대상지역, 관광단지가 아닌 지역

 인구 20만 명 이하의 시 지역 범위

구분	시	구분	시
충청북도	제천시	전라남도	광양시, 나주시
충청남도	계룡시, 공주시, 논산시, 보령시, 당진시, 서산시	경상북도	김천시, 문경시, 상주시, 안동시, 영주시, 영천시
강원도	동해시, 삼척시, 속초시, 태백시	경상남도	밀양시, 사천시, 통영시
전라북도	김제시, 남원시, 정읍시	제주도	서귀포시

Q. 2017년 5월에 서울에 있는 주택을 매매계약했습니다. 계약 당시 부모님의 세대원이었고, 취득일 이전에 세대주로 분리했습니다. 계약 당시 부모님은 유주택자였으나 저는 무주택이었습니다. 그렇다면 거주요건이 없나요?

A. 결론부터 답하면 거주의무가 있습니다. 계약 당시 본인은 무주택이었더라도 동일세대인 부모님이 유주택자였으므로 1세대 무주택이 아니기 때문입니다. 계약 당시에 부모님과 세대분리해 1세대 무주택이어야 거주의무가 없는 것입니다. 취득일 이전에 세대분리한 것은 아무 의미가 없습니다.

Q. 조정지역 일시적 2주택자입니다. 시가 10억의 종전주택을 2년 내에 처분하려고 부동산에 내놓았는데 매수 문의가 없습니다. 2년 내에 처분하지 못할 것 같아서 자녀에게 부담부증여를 해주려고 하는데요. 일시적 2주택 처분기한 내에 증여하면 부담부증여의 양도세도 비과세가 되나요?

A. 부담부증여도 주택 양도와 똑같이 양도세 비과세가 적용됩니다. 다만 증여받는 자녀가 동일세대라면 증여 이후에도 그대로 1세대2주택이 되므로 양도세 비과세가 적용되지 않습니다. 따라서 자녀와 세대분리 후 부담부증여를 해야 합니다. 이렇게 비과세 요건을 갖춘 주택을 일시적 2주택 기한 내에 부담부증여하면 양도세가 나오지 않을 것입니다.

Q. 조정지역 일시적 2주택자입니다. 주택 거래가 잘 되지 않아서 2년 내에 종전주택을 처분하기 어려울 것 같습니다. 그래서 저와 같은 상황인 일시적 2주택자를 찾아서 서로 주택을 교환하려고 하는데, 주택을 교환하는 경우에는 교환 이전이나 이후나 그대로 2주택이므로 일시적 2주택 비과세가 적용되지 않나요?

A. 주택을 교환하는 경우 새로운 주택을 먼저 취득한 후 기존주택을 처분하는 것이 아닙니다. 기존주택을 먼저 처분한 후 새로운 주택을 취득한 것으로 봅니다. 그러므로 주택을 교환하는 경우도 일시적 2주택 비과세 혜택을 받을 수 있습니다.

Q. 2016년에 A 주택, 19년에 B 주택을 취득했습니다. A, B 주택을 모두 처분하고 C 주택을 취득하려고 합니다. 그런데 B 주택에 호재가 있어서 2년 내에 시가가 크게 오를 것 같습니다. 이 경우 반드시 B 주택을 먼저 처분하고, 1주택인 상태에서 C 주택을 취득해야만 일시적 2주택이 적용되나요? 아니면 C 주택을 먼저 취득한 후 3주택인 상태에서 2년 내에 B 주택을 처분하고, 바로 A 주택을 처분하면 어떤가요? 이때도 A 주택에 일시적 2주택 비과세가 적용되나요?

A. 3주택 이상 다주택자라도 보유 중인 주택들을 처분하고 최종 2주택이 된 상황에서 일시적 2주택 요건을 충족한다면 종전주택인 A 주택은 비과세를 적용받을 수 있습니다. 그러므로 비과세를 위해 반드시 B 주택을 처분한 후 C 주택을 취득할 필요는 없습니다. 다만 B 주택이 조정대상지역이라면 3주택자 세율이 적용될 수 있으니, B 주택을 먼저 처분한 후 C 주택을 취득하는 것이 유리하긴 합니다.

Q. 1세대1주택을 양도하려고 매매계약을 체결하고 계약금까지 받았습니다. 그런데 잔금일 전에 다주택자인 부모님으로부터 2주택 이상을 상속받게 되었습니다. 이 경우에도 제가 원치 않게 2주택 이상을 상속받게 되었으므로 기존주택은 비과세가 가능하겠죠?

A. 상속주택의 일시적 2주택은 특례상속주택 1채에만 가능합니다. 만약 2채 이상을 상속받으면 기존주택은 비과세 혜택을 받을 수 없습니다. 특례상속주택에 해당하는 1채만 상속받고, 나머지는 다른 가족이 상속받아야 기존주택에 비과세 혜택이 적용될 것입니다.

Q. 2016년에 부모님에게 상속받은 주택이 1채 있습니다. 상속받은 주택은 주택수에서 제외되므로 지금 새로운 주택을 취득하고 2년 보유 및 거주 후 처분하면 비과세가 적용되나요?

A. 상속받은 주택을 소유한 상태에서, 일반주택을 여러 차례 취득·양도하는 경우 매번 양도세 비과세를 받을 수 있는 건 아닙니다. 상속받은 당시에 보유하던 기존주택에만 비과세가 적용됩니다. 상속 이후 취득하는 주택에는 상속으로 인한 일시적 2주택이 적용되지 않습니다. 다만 일반적인 일시적 2주택은 적용 가능하니까 새 주택 취득 후에 종전주택이 되는 상속주택을 처분하면 비과세를 받을 수 있을 것입니다.

Q. 저는 현재 일시적 2주택자고, 곧 결혼할 배우자도 일시적 2주택자입니다. 혼인하면 1세대 4주택자가 되는데요. 이 경우에는 혼인으로 인한 비과세 적용이 불가능한가요?

A. 혼인의 경우라도 1세대 4주택이라면 비과세 혜택을 받을 수 없습니다. 비과세를 적용받고 싶다면 혼인신고를 최대한 미뤄서 두 분 중 어느 한 분의 주택을 먼저 정리해야 합니다. 그 후 일시적 2주택자와 1주택자인 상태에서 혼인신고를 하면 3주택 모두 비과세 혜택을 받을 수 있습니다.

Q. 2015년 A 주택, 18년 B 주택을 취득해 보유하다가 신규주택 C를 취득해 3주택자가 되었습니다. 신규주택 취득 당시에는 3주택이었지만 A 주택을 양도세 과세로 처분하고, 그 후 B 주택을 처분한다면 B 주택은 일시적 2주택 비과세를 받을 수 있을까요?

A. 일시적 2주택은 양도 시점에만 충족하면 됩니다. 신규주택 취득 당시에는 3주택 이상의 다주택자라도 기타 주택을 모두 처분하고 난 이후에 남은 2주택이 일시적 2주택의 요건을 충족한다면 비과세를 적용받을 수 있습니다. 즉 처음부터 A 주택은 없었다고 가정하고, B와 C 주택만 고려해서 일시적 2주택을 충족한다면 B 주택은 비과세 혜택을 받을 수 있습니다.

Q. 조정지역 주택 보유 중에 비조정지역의 분양권을 취득했습니다. 이후 분양권을 취득한 지역이 조정지역으로 변경되었습니다. 배우자에게 분양권의 절반을 증여하여 공동명의로 하고 싶은데요. 지금 증여하면 기존주택과 분양권 지역 모두 조정지역이니 일시적 2주택 보유기간이 3년에서 2년으로 단축되는 걸까요?

A. 배우자에게 분양권을 공동명의로 증여한다고 해서 일시적 2주택의 기한이 2년으로 축소되진 않습니다. 부부는 일심동체로 보기 때문에 예외적으로 최초로 분양권을 취득하는 시점으로 판단하여 일시적 2주택을 적용해 줍니다. 이는 거주요건에도 동일하게 적용됩니다. 무주택 상태에서 분양권을 취득했고 당시 비조정지역이라 거주요건이 없었다면, 현재 조정지역으로 변경되었고 배우자에게 분양권 절반을 증여하더라도 거주요건 없이 비과세가 적용됩니다. 배우자에게 증여받는 시점이 아니라 최초로 취득하는 시점을 기준으로 비과세가 적용되는 것입니다.

5장.

분양권&입주권
비과세 전략

01
분양권은 취득 시기가 중요하다

분양권과 입주권은 '주택을 취득할 수 있는 권리'일 뿐 주택이 아닙니다. 하지만 주택수에는 포함되기 때문에 1주택+분양권(입주권)을 보유하면 다주택자로 판정됩니다. 기존주택을 양도할 때 비과세 혜택을 받지 못하게 될 수 있죠. 물론 비과세 혜택을 받을 수 있는 방법은 있습니다. 분양권과 입주권의 비과세 요건 자체는 그렇게 복잡하지 않지만, 헷갈리기 쉬우니 주의해야 합니다. 특히 분양권과 입주권은 양도세에서는 적용되는 내용이 완전히 다르므로 절대 혼동하면 안 됩니다. 지역주택조합의 경우 흔히들 '주택조합 입주권'이라고 부르지만 세법에서는 입주권이 아니라 분양권에 해당한다는 것도 알아두세요.

분양권 자체는 비과세 대상이 아닙니다. 주택이 아니니까요. 그래서 비조정지역의 분양권을 2년 이상 보유하더라도 비과세 혜택과는 상관이 없습니다. 분양권 자체의 양도세가 아니라 분양권과 함께 보유 중인 타 주택 양도 시 비과세 판정 여부를 고려하면 됩니다. 비과세 판정 시 가장 중요한 것은 '분양권의 취득 시기'입니다.

주택수 포함 여부는 이 분양권 취득일이 결정합니다. 2021년 이전에 취득한 분양권은 주택수에 포함되지 않으므로 비과세 판정 시 고려하지 않아도 됩니다. 21년 이전에 취득한 분양권은 아파트가 완공되고, 분양권 잔금을 납부하는 시점에서 주택수에 포함됩니다. 1주택과 21년 이전에 취득한 분양권을 보유했다면 분양권 잔금납부일부터 일반적인 일시적 2주택이 적용되는 것이죠.

2021년 이후 분양권일 때 비과세를 적용받는 방법

21년 이후 취득한 분양권부터는 바로 주택수에 포함되므로 비과세 판정이 완전히 달라집니다. 기존주택을 언제 양도하느냐에 따라 비과세를 받을수 있는 방법이 2가지 있습니다. 첫째, 기존주택을 취득한 날부터 1년 이상지난 후에 분양권을 취득하고, 그 분양권을 취득한 날부터 3년 이내에 기존주택을 양도하는 것입니다. 기존주택과 분양권을 가진 지역이 조정대상지역이라도 무조건 3년 이내에 기존주택을 양도하면 비과세가 가능합니다.

하지만 이런 상황이 생길 수 있습니다. 기존주택에서 거주하다가 분양으로 취득하는 아파트가 완공된 후 이사 가려고 하는데, 공사기간이 3년을 초과하는 거죠. 그렇다면 3년 내에 기존주택을 처분하기 어려울 겁니다. 그래서 분양권을 취득한 날로부터 3년을 초과한 후에 양도하는 경우에도 비과세가 가능합니다. 단 이때는 2가지 요건을 추가로 충족해야 하고, 이 외에는 비과세를 적용받을 방법이 없습니다.

21년 이후 A 분양권을 먼저 취득하고, 아파트가 완공되기 전까지 거주할 B 주택을 취득하는 경우가 대표적인 예입니다. 언뜻 보면 B 주택 비과세가 가능할 것 같지만, A 분양권이 아파트로 변경되고 나서 B 주택을 처분하더라도 일반적인 일시적 2주택이 적용되지 않아 B 주택은 비과세가 불가능합니다. 분양권은 입주권과 다르게 대체주택 취득에 대한 비과세 혜택이 없기 때문입니다.

3년 초과 시 비과세 조건 – 분양권

1. 분양권으로 취득하는 주택이 완성된 후 2년 이내에 그 주택으로 이사해 1년 이상 거주할 것
2. 분양권으로 취득하는 주택이 완성되기 전 또는 완성된 후 2년 이내에 종전주택을 양도할 것

02
입주권은 취득 시기보다
조건이 중요하다

입주권은 분양권과 달리 취득 시기가 중요하지 않습니다. 언제 취득했더라도 무조건 주택수에 포함됩니다. 다만 입주권과 분양권의 기본적인 비과세 요건은 거의 동일합니다. 입주권도 기존주택을 언제 양도하느냐에 따라 비과세를 적용받는 방법이 2가지 있습니다.

입주권에 비과세를 적용받는 방법

첫 번째 방법은 3년 이내 양도입니다. 기존주택을 취득한 날부터 1년 이상 지난 후에 입주권을 취득하고, 그 입주권을 취득한 날부터 3년 이내에 기존주택을 양도하는 것입니다. 입주권을 취득한 날로부터 3년을 초과한 뒤에 양도한다면 이때는 2가지 요건을 추가로 충족해야 합니다. 분양권은 무조건 기존주택을 취득한 날로부터 1년이 지나고 취득해야 기존주택 비과세가 가능하니다. 하지만 22년 2월 15일 이전에 취득한 입주권이라면 기존주택을 취득한 날로부터 1년 이내에 취득했더라도 3년이 지나고 기존주택을 양도하는 요건을 갖추면 비과세가 가능합니다.

3년 초과 시 비과세 조건 – 입주권

1. 입주권에 따라 취득하는 주택 완성 후 2년 내에 그 주택으로 이사해 1년 이상 거주할 것
2. 입주권에 따라 취득하는 주택이 완성 전 또는 완성 후 2년 이내에 종전주택을 양도할 것

대체주택 비과세 조건

1. 재개발사업 등의 사업시행인가일 이후 대체주택을 취득해 1년 이상 거주할 것
2. 사업시행인가일 현재 1세대1주택자일 것
3. 입주권에 따라 취득하는 주택 완성 후 2년 내에 그 주택으로 이사해 1년 이상 거주할 것
4. 입주권에 따라 취득하는 주택이 완성 전 또는 완성 후 2년 이내에 대체주택을 양도할 것

두 번째 방법은 대체주택입니다. 입주권은 분양권에 비해 추가적인 비과세 혜택이 하나 더 있습니다. 기존주택을 보유하다가 재개발 등 관리처분인가를 받아서 자동으로 입주권을 취득하는 경우입니다. 공사기간 동안 거주할 대체주택을 취득하면 이 대체주택은 비과세가 가능합니다. 단, 관리처분인가일 이후 입주권을 '전매'로 취득한 경우라면 비과세가 적용되지 않으니 주의하세요.

사업시행인가일 vs 관리처분인가일

사업시행인가일은 관리처분인가일과 엄연히 다릅니다. 재개발사업 등을 진행할 때는 사업시행인가를 먼저 받고 난 이후에 관리처분인가를 받을 수 있습니다. 주택에서 입주권으로 변동되는 날짜는 관리처분인가일이 기준이지만, 대체주택 취득은 사업시행인가일이 기준이라는 걸 기억해야 합니다. 원래 1주택 비과세는 2년 보유 및 거주요건이 필수입니다. 하지만 대체주택은 조정대상지역에 있더라도 2년이 아니라 1년 이상만 보유 및 거주하면 비과세가 가능합니다. 물론 비조정대상지역이라도 1년은 반드시 거주해야 합니다.

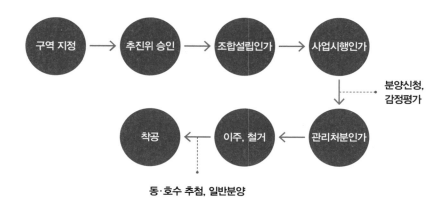

03
재개발로 인한 멸실 후
입주권은 비과세

입주권은 분양권과 마찬가지로 주택이 아니라서 원칙적으로는 비과세가 되지 않습니다. 하지만 비과세 요건을 갖춘 구주택을 보유하다가 재개발사업 등으로 주택이 멸실되고 입주권으로 변경된 주택은 1세대1주택 비과세가 가능합니다. 다만 주택이 입주권으로 변경되는 시점, 즉 관리처분인가일 이전에 살던 구주택은 2년 보유 및 거주요건을 충족한 상태여야 합니다. 원래부터 비과세가 가능한 주택이었으므로 입주권으로 변경되어도 비과세 혜택을 주겠다는 의미입니다.

그럼 이런 경우는 어떨까요? 비조정지역의 구주택을 1년 보유했는데 입주권으로 변경되었습니다. 이후 추가로 입주권을 1년 더 보유했으면 총 2년 보유했으니 비과세가 적용될까요? 결론부터 말하면 아닙니다. 구주택을 2년 이상 보유하지 않았으므로 입주권 비과세가 적용되지 않습니다. 신축아파트 완공 후 추가로 1년을 더 보유하고 있어야 적용됩니다.

비과세가 적용되는 입주권을 보유하다가 신규주택을 취득해 2주택자가 된 경우에도 입주권 비과세 혜택을 받을 수 있습니다. 신규주택 취득일로부터 3년 이내에 조합원 입주권을 양도하면 됩니다. 서울 같은 투기과열지구는 어차피 입주권 전매제한 때문에 양도가 불가능하니 입주권 비과세 내용은 참고만 하세요.

04
입주권으로 취득한 주택의 비과세 조건

입주권으로 취득한 주택의 비과세 판정 시에는 몇 가지 주의사항이 있습니다.

첫 번째, 보유기간입니다. 입주권으로 보유한 기간은 비과세 판정 시 보유기간으로 인정해 주지 않는다는 것입니다. 예를 들어 비조정지역의 입주권을 전매로 2019년에 취득하고 이후 22년에 신축아파트가 완공되었습니다. 2년 이상 보유했으니 아파트가 완공되자마자 처분해도 비과세가 될까요? 주택 상태에서 보유한 기간은 2년이 되지 않았기 때문에 결국 2년 보유요건을 충족하지 못해 비과세가 되지 않습니다.

두 번째, 거주요건입니다. 입주권으로 취득한 주택의 거주요건은 관리처분인가일 이전의 구주택 취득 당시의 요건이 그대로 이어지게 됩니다. 구주택 취득 당시 기준으로 거주요건이 없었다면 신축아파트 완공 이후에도 거주요건 없이 비과세가 적용됩니다. 입주권을 승계취득했다면 신축아파트 완공 시점에서 거주요건이 결정됩니다. 입주권 취득 당시에는 비조정지역이었더라도 신축아파트 완공 시 조정지역이라면 2년을 거주해야 합니다. 다만, 입주권 취득 당시 1세대 무주택이었고, 비조정지역이라 거주요건이 없었다면 신축아파트 완공 시에도 거주요건이 없습니다.

세 번째, 부수토지면적입니다. 일반적으로 구주택의 부수토지면적은 신축아파트의 토지면적보다 더 큽니다. 구주택보다 신축아파트 층수가 많으니 주택토지에 대한 공유자가 많아져 그만큼 토지면적은 줄어들기 때문입니다. 그런데 간혹 구주택 규모가 워낙 작아서 신축아파트 토지면적이 더 큰 경우도 있습니다. 그럴 때는 증가한 부수토지면적에 대해 준공일 이후 보유 또는 거주기간이 비과세 요건을 충족하지 못하면 온전히 비과세 혜택을 받지 못할 수도 있으니 잘 알아봐야 합니다.

예를 들어 종전주택 부수토지를 10평 소유했었는데, 재건축된 아파트 부수토지가 15평으로 5평이 증가했다고 가정해 보겠습니다. 이런 경우 구주택이 이미 비과세 요건을 갖추었더라도 5평에 대해서는 비과세 요건을 다시 충족해야 합니다. 종전주택의 보유기간이 2년이고 재건축 후 보유기간이 1년이라면 종전 토지면적 10평은 비과세 요건을 충족한 겁니다. 반면 증가된 5평의 부수토지는 신축아파트 준공일로부터 보유기간을 계산해 비과세 요건을 따지므로 보유기간이 1년밖에 되지 않아서 비과세 혜택을 받을 수 없습니다. 이 경우 총양도차익에서 5평에 해당하는 부분은 비과세가 되지 않고, 나머지 10평에 대해서만 비과세가 적용됩니다.

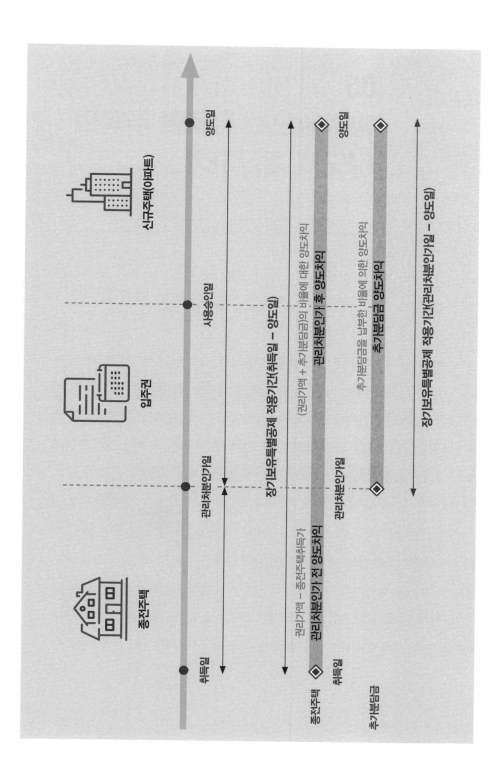

신규주택(아파트)

입주권

종전주택

양도일

사용승인일

관리처분인가일

취득일

장기보유특별공제 적용기간(취득일 – 양도일)

(권리가액 + 추가분담금)의 비율에 대한 양도차익

관리처분인가 전 양도차익

관리처분인가

(권리가액 – 종전주택취득가)

종전주택

취득일

관리처분인가일

추가분담금

양도일

관리처분인가 후 양도차익

추가분담금을 납부한 비율에 의한 양도차익

추가분담금 양도차익

관리처분인가일

양도일

장기보유특별공제 적용기간(관리처분인가일 – 양도일)

05
입주권으로 취득한 주택의 양도세 계산하기

입주권으로 취득한 주택은 양도세 계산과정도 매우 복잡합니다. 실무를 담당하는 세무사들도 입주권으로 취득한 주택 신고를 할 때는 긴장하면서 몇 번의 검산작업을 거칩니다. 양도가액이 12억 이하라면 어차피 비과세니까 양도세를 계산할 필요가 없습니다. 하지만 양도가액이 12억을 초과하면 장기보유특별공제 때문에 계산이 복잡해집니다.

구주택 권리가액이 커서 추가분담금이 없다면 양도차익을 구분할 필요 없이 구주택 취득일부터 양도일까지의 장기보유특별공제를 적용하면 됩니다. 입주권을 승계취득한 경우에도 아파트 완공일부터 장기보유특별공제가 적용되므로 복잡하지 않습니다. 하지만 구주택 권리가액만으로는 분양가액이 부족해 추가분담금을 납부해야 한다면 양도차익을 2가지로 구분해 계산합니다. 구주택에 대한 양도차익과 추가분담금에 대한 양도차익에 대해 장기보유특별공제 적용방식이 달라지기 때문입니다.

구주택에 대한 양도차익은 구주택 취득일부터 양도일까지 장기보유특별공제가 적용됩니다. 하지만 추가분담금에 대한 양도차익은 관리처분인가일부터 적용됩니다. 구주택에서만 2년 이상 거주했다면 상황은 더 복잡해집니다. 구주택에 대한 양도차익에 대해서만 표 2의 장특공(최대 80%)이 적용되고, 추가분담금에 대한 양도차익은 표 1의 장특공(최대 30%)이 적용됩니다. 신축 아파트에서 2년 이상 거주해야만 추가분담금도 표 2의 장특공을 적용받을 수 있습니다.

이제 예를 들어 계산해 보겠습니다. 사실 지금부터 해볼 것은 양도세 계산에서도 가장 어려운 부분이고, 실무자들도 어려워하는 내용입니다. 일반 납세자가 양도세를 이렇게까지 직접 계산하기는 무리하지요. 추가분담금이 많은 경우 장기보유특별공제 적용에 제한이 있고, 이래저래 신축아파트에서도 2년 이상 거주 후에 양도하는 것이 절세하는 방안이라는 정도만 이해해도 충분합니다.

예) 2005년에 1억에 취득해 10년 이상 보유 및 거주한 구주택이 18년에 관리처분인가가 났다고 가정하겠습니다. 조합원 권리가액이 3억이고, 추가분담금은 2억입니다. 위 아파트가 2022년에 완공하자마자 1세대1주택인 상태에서 15억에 양도했다면 양도세는 얼마일까요?

1) 먼저 관리처분인가일 전 구주택의 양도차익을 계산합니다.
(권리가액 − 취득가액 − 필요경비)
조합권 권리가액 3억 − 구주택 취득가액 1억 = 2억

2) 인가일 이후 양도차익을 계산합니다.
(양도가액 − 권리가액 − 추가분담금 − 필요경비)
양도가액 15억 − 권리가액 3억 − 추가분담금 2억 = 10억

3) 이때 인가일 이후 양도차익은 추가분담금과 구주택으로 나눠야 합니다.
추가분담금에 대한 양도차익 = 10억×2억/5억 = 4억
구주택에 대한 양도차익 = 10억×3억/5억 = 6억

4) 이제 구주택에 대한 총양도차익을 계산합니다.
인가일 전 양도차익 2억 + 인가일 후 양도차익 6억 = 8억

5) 12억 초과분에 대한 과세대상 양도차익을 계산합니다.
구주택에 대한 양도차익 8억×3억/15억 = 1.6억
추가분담금에 대한 양도차익 4억×3억/15억 = 8,000만 원

6) 마지막으로 장기보유특별공제를 적용합니다.
구주택의 양도차익은 구주택을 10년 이상 보유 및 거주했으므로 표 2 장특공이 적용됩니다.
1.6억 × 20% = 3,200만 원
추가분담금에 대한 양도차익은 관리처분인가일로부터 4년 보유에 대해서만 장특공이 적용됩니다. 신축아파트에서 거주하지 않았으므로 표 1 장특공이 적용되어 4년 × 2% = 8%만 적용되겠죠.
8,000만 원 × 92% = 7,360만 원

7) 결과적으로 과세표준 1억 560만 원에 대해서 기본공제 250만 원을 제하고 나면 양도세는 약 2,119만 원이 나오게 됩니다.

CASE STUDY
05

실전 케이스 스터디

Q. 지역주택조합을 통해 분양권을 취득했습니다. 일반적으로 분양권 취득일은 당첨일인데 지역주택조합 분양권은 당첨일이라는 개념이 없으니 취득 시기를 언제라고 생각해야 하나요? 또 2021년 이후에 취득한 지역주택조합 분양권도 주택수에 포함되나요?

A. 지역주택조합 분양권의 취득 시기는 주택법 제16조 규정에 의해 '사업계획 승인일'입니다. 만약 사업계획 승인일이 21년 이후라면 일반분양권과 동일하게 주택수에 포함되기 때문에 타 주택 양도 시 비과세 혜택을 받지 못할 수도 있습니다.

Q.

2021년 이전에 분양에 당첨되어 분양권을 취득했습니다. 21년 이후 양도세 절세를 위해 배우자와 공동명의를 하려고 분양권 지분 50%를 배우자에게 증여했습니다. 그럼 배우자는 21년에 분양권을 증여로 취득한 셈이니 증여받은 분양권이 주택수에 포함되나요?

A.

분양권을 최초로 취득한 시점이 21년 이전이라면 21년 이후 동일세대원에게 분양권을 증여하더라도 증여받은 분양권은 21년 이전에 취득한 것으로 봐서 주택수에 포함되지 않습니다. 다만 취득세에서는 주택수에 포함됩니다. 증여받은 분양권을 증여 시점에 취득한 것으로 보기 때문입니다.

Q.

2019년 5월에 A 분양권을 계약했고, 아파트가 완공되기 전까지 거주할 B 주택을 20년 1월에 취득했습니다. 두 지역 모두 조정대상지역입니다. 분양권 잔금일이 22년 8월인데요. 이 경우 분양권을 먼저 취득했으므로 A 분양권 완공 이후 B 주택은 비과세가 불가능한가요?

A.

20년 이전에 취득한 분양권이므로 A 분양권이 주택으로 변경되는 시점부터 일반적인 일시적 2주택이 적용됩니다. B 종전주택 보유 중에 22년 8월에 신규주택을 취득한 것이므로 A 신규주택 취득일로부터 2년 내인 24년 8월까지 B 주택을 양도하면 비과세가 적용됩니다.

Q. 2021년 5월에 분양권을, 22년 7월에 거주할 일반주택을 취득했습니다. 분양아파트가 24년 9월에 완공되는데요. 분양아파트 완공 이후 2년 내에 종전주택을 처분하면 일시적 2주택 비과세 적용이 가능하죠?

A. 21년 이후에 취득한 분양권이라면 일반적인 일시적 2주택이 적용되지 않습니다. 21년 이후부터는 분양권을 먼저 취득한 후 다른 주택을 취득하면 일시적 2주택이 아니므로 둘 중 한 주택은 비과세를 포기하는 수밖에 없습니다.

Q. 2년 거주한 구주택이 관리처분인가가 나서 입주권으로 변경되었습니다. 그런데 구주택 감정가액이 높아서 입주권을 2개 받게 되었습니다. 입주권 2개를 받은 경우에도 입주권 비과세나 대체주택 비과세 등 혜택을 동일하게 적용받을 수 있나요?

A. 입주권에 대한 여러 가지 비과세 혜택들은 입주권 하나에만 적용됩니다. 1+1 입주권은 입주권이 2개라서 비과세 혜택이 적용되지 않습니다. 1+1로 조합원 분양을 신청한 경우 2개의 입주권 중 한 개만 따로 떼어서 팔 수도 없습니다. 2개의 입주권을 동시에 양도한다면 둘 중 양도차익이 더 큰 하나의 입주권만 비과세가 가능합니다. 1+1 입주권은 세금면에서 불리하니 취득을 피하는 것이 좋겠습니다.

Q. 서울에 있는 구주택을 2015년에 취득해서 구주택에 대해서는 거주의무가 없었습니다. 최근 재개발사업이 끝나 신축아파트를 취득하게 되었는데요. 서울 아파트 취득 시 거주의무가 있으니 신축아파트에서 2년을 거주해야 비과세가 가능한가요?

A. 구주택 취득 당시에 거주의무가 없었다면 재개발, 재건축 등으로 신축아파트 취득 시에도 거주의무 없이 비과세가 가능합니다. 또한 구주택의 관리처분인가일 이전에 이미 2년 이상 보유했다면 신축아파트 완공 후 바로 처분해도 비과세 혜택을 받을 수 있습니다. 정리하자면 이 경우라면 신축아파트 완공 후 새로 2년 이상 보유할 필요가 없습니다. 다만 구주택 보유기간이 2년 미만이라면 주의하세요. 구주택과 신축아파트의 총보유기간까지 합해 2년 이상이어야 합니다.

Q. 구주택의 권리가액이 높아서 추가분담금을 내는 게 아니라 오히려 청산금을 받게 되었습니다. 청산금을 수령한 경우에도 양도세를 납부해야 하나요?

A. 청산금을 수령한 경우에는 기존아파트 일부를 양도한 것으로 보고 있으며, 양도일은 '소유권 이전고시일의 다음 날'입니다. 양도일 주택보유 현황에 따라 청산금에 비과세가 적용될 수도 있고, 양도일 당시 다주택자라면 중과세율이 적용될 수도 있습니다. 청산금 수령액의 양도차익 계산 방법은 다음과 같습니다.

> 청산금 수령액의 양도차익
> = (권리가액 − 구주택 취득가액 − 필요경비) × 청산금수령액 / 권리가액

Q. 입주권 양도 시에는 장기보유특별공제가 어떻게 적용되나요?

A. 입주권을 승계로 취득하고 양도하는 경우 장기보유특별공제가 적용되지 않습니다. 구주택을 취득해 입주권을 양도했다면 구주택 취득일부터 관리처분인가일까지의 기간으로 적용됩니다. 관리처분인가일 이후의 보유기간은 장기보유특별공제가 적용되지 않습니다.

Q. 구주택을 2년 이상 보유했고, 입주권을 양도하려고 합니다. 다주택자여서 비과세는 받지 못하는데 입주권 양도 시 양도세율이 어떻게 적용되는지 궁금합니다. 관리처분인가일 이후에 바로 입주권을 양도하면 입주권 보유기간이 1년 미만이므로 70%의 세율이 적용되나요?

A. 입주권 세율은 구주택의 취득일부터 보유기간을 계산합니다. 구주택 취득일로부터 2년 이상이라면 관리처분인가일 이후 바로 입주권을 양도해도 70%의 단기보유세율이 아닌 기본세율이 적용됩니다.

Q. 2019년에 입주권을 승계취득했습니다. 22년에 신축아파트가 완공되고 나서 바로 이 아파트를 처분하면 3년 이상 보유했으니 기본세율이 적용되겠죠?

A. 입주권 취득일로부터 3년을 보유했어도, 신축아파트 완공 후 바로 양도하면 보유기간 1년 미만이라 70% 세율이 적용됩니다. 승계받은 입주권으로 취득한 아파트는 입주권 취득일부터가 아니라 아파트 완공일부터 보유기간을 계산해 세율이 적용되니 주의하세요.

Q. 1세대1주택자인 상태에서 사업시행인가일 이후 대체주택을 2채 취득했습니다. 대체주택 2채 모두 1년 이상 거주하고 정해진 요건 모두를 충족했습니다. 그럼 대체주택 양도 시 2채 모두 비과세를 적용받을 수 있나요?

A. 2채의 대체주택 중 먼저 양도하는 대체주택은 비과세가 적용되지 않습니다. 나중에 양도하는 대체주택에만 비과세가 적용됩니다. 2채 중 양도차익이 적은 대체주택을 먼저 양도하고, 양도차익이 큰 대체주택을 나중에 양도해 비과세 혜택을 받는 것이 유리합니다.

Q. A 주택은 13년에, B 주택은 17년에 취득했는데 B 주택이 재개발되면서 입주권으로 바뀌었습니다. 그럼 입주권을 새로 취득한 것이니 입주권을 취득한 날부터 3년 이내에 종전주택인 A 주택을 양도하면 비과세가 될까요?

A. 주택+입주권의 비과세는 처음부터 입주권인 상태에서 취득했을 때만 적용됩니다. 취득 당시에 주택이었다가 나중에 입주권으로 바뀌게 되더라도 최초 주택 취득 시점을 기준으로 일반적인 일시적 2주택이 적용됩니다. A 주택은 이미 일시적 2주택 기한이 지났으므로 비과세가 적용되지 않습니다.

6장

주택임대사업자를 위한
양도세 절세 전략

01
주택임대사업자 등록 방법

여기서 말하는 주택임대사업자란 세무서에 사업자등록을 하는 것과 별개로 '추가적으로 지자체에 등록한' 주택임대사업자를 뜻합니다. 보유 주택수에 따라 임대소득세가 면제되는 경우를 제외하고는 무조건 세무서에 사업자등록을 해야 합니다. 세무서에 하는 사업자등록은 의무지만, 지자체에 등록하는 것은 납세자의 선택입니다. 세제혜택이 필요 없다면 세무서에만 사업자등록을 하고 마음대로 임대하고 처분하면 됩니다. 그러나 세제혜택을 받고 싶다면 지자체에도 주택임대사업자로 등록한 후 임대주택에 대한 추가 요건들을 충족해야 합니다.

주택임대사업자의 양도세는 부동산 세금 중에서도 복잡하고 어려운 내용입니다. 세법이 어렵고 복잡하게 느껴지는 이유 중 하나가 매년 변경된다는 것 때문인데, 특히 주택임대사업자의 양도세가 가장 크게 바뀌었습니다. 정부에서는 지난 몇 년 동안 주택임대사업자에게 준 세제혜택이 다주택자를 양산해 부동산시장이 과열됐다고 판단하고 있습니다. 그래서 2018년부터 수차례에 걸쳐 주택임대사업자의 세제혜택을 축소해 왔죠. 세제혜택이 안 좋게 바뀌면 이전 세법을 준수한 납세자에게 피해가 갈 수 있으므로, 이미 주택임대사업자를 등록한 사람에게는 소급적용을 하지 않습니다. 그래서 언제 주택임대사업자를 등록했느냐에 따라 요건과 혜택이 전부 다 달라집니다.

현재는 주택임대사업자에 대한 요건은 강화된 반면, 혜택은 많이 축소되어서 굳이 임대주택으로 등록할 이유가 거의 사라졌습니다. 이래저래 현재 주택임대사업자가 아니라면 이 내용을 굳이 머리 아프게 공부할 필요가 없을 겁니다. 하지만 주택임대사업자라면, 특히 등록임대주택이 여러 채여서 각각의 임대등록일이 다른 경우라면 세제혜택을 받기 위한 요건이 까다로우니 여러 번 반복해서 읽어보세요.

주택임대사업자로 등록하기

주택임대사업자로 등록하려면 렌트홈(www.renthome.go.kr)과 국세청 홈택스(www.hometax.go.kr) 홈페이지에서 사업자등록을 각각 따로 총 2번 해야 합니다. 주택 취득 이후에 등록하는 것이 일반적이지만, 매매계약을 하고 주택 취득 전에 미리 등록하는 것도 가능합니다. 일반적인 매매라면 주택 취득일로부터 3개월 전, 분양이라면 1년 전부터 임대주택으로 등록할 수 있습니다.

주택임대사업자는 등록시점에 따라 용어와 의무임대기간이 다릅니다.

과거에는 단기임대와 장기임대를 선택해 등록할 수 있었지만, 현재는 무조건 의무임대기간이 10년으로 고정되었으니 참고하세요. 2020년 8월 18일 이후 아파트는 임대등록 자체가 불가능합니다. 그래서 현재는 주로 오피스텔을 이용해 주택임대 사업자등록을 하고 있습니다.

지자체 임대등록은 2020년 8월 18일부터 변경되었지만, 세법은 2020년 7월 11일 이후 등록주택부터 새롭게 적용되었습니다. 만약 2020년 7월 11일~2020년 8월 18일 사이에 아파트를 임대주택으로 등록했거나 4년 단기임대 혹은 4년 단기임대를 8년 장기임대주택으로 변경한 경우라면 안타깝게도 주택임대사업자 세제혜택이 전혀 없습니다. 이런 임대주택을 보유 중이라면 빨리 처분하는 것이 좋습니다. 어차피 세제혜택을 받을 수 없으니까요.

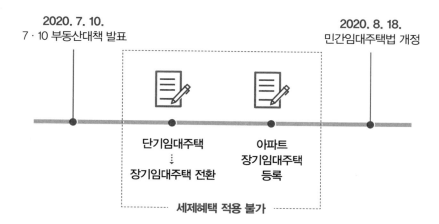

시기별 지자체의 임대등록 유형

시행시기	2005. 09. 16. ~ 2013. 12. 04.	2003. 12. 05. ~ 2015. 12. 28.		2015. 12. 29. ~ 2018. 07. 16.		2018. 07. 17. ~ 2020. 08. 17.		2020. 08. 18. ~ 현재
관련법	임대주택법	임대주택법		민간임대주택법		민간임대주택법		민간임대주택법
임대주택 명칭	매입	매입	준공공	단기	준공공	단기 민간	장기 일반 민간	장기일반민간
의무임대기간	5년 이상	5년 이상	10년 이상	4년 이상	8년 이상	4년 이상	8년 이상	10년 이상

 ## 임대등록 절차

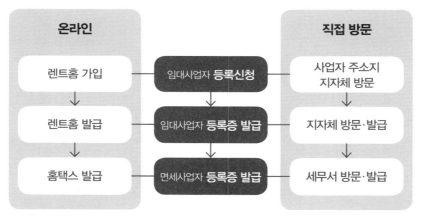

렌트홈(임대등록시스템) www.renthome.go.kr

임대등록 시 필요서류 및 소유권 확보기간

소유자

필요서류	소유권 확보기한
건물등기사항증명서	–

소유 예정자

필요서류	소유권 확보기한	
사업계획승인서	6년	사업계획승인
건축허가서	4년	건축허가
매매계약서	3개월	매매계약
분양계약서	1년	분양계약

※소유권 확보기한 내 주택을 취득하지 못할 경우 임대주택 등록이 말소됨

새로 임대주택을 취득한 경우

기존에 임대등록주택이 있는데 새 주택을 취득해 등록하는 거라면 지자체에만 추가로 임대등록을 하면 됩니다. 임대주택이 추가되더라도 번거롭게 세무서 사업자등록증을 새로 발급받거나 정정할 필요는 없습니다. 세무서 사업자등록은 최초 주택임대등록을 할 때 한 번만 하면 됩니다.

02
주택임대사업자가
세제혜택을 받으려면?

주택임대사업자로 임대주택을 등록했다고 무조건 세제혜택을 받는 건 아닙니다. 예를 들어 2018년 4월 1일 이후에도 지자체 4년 단기임대등록을 할 수 있었는데, 세법에서는 18년 4월 1일 이후 임대등록분에 대해서는 8년 장기임대등록인 경우에만 세제혜택을 줍니다. 18년 4월 1일 이후 4년 단기임대로 등록했다면 임대의무는 있지만 혜택은 받지 못하는 안타까운 상황이 발생하는 거죠. 다시 말하지만 지자체에 임대등록 후 임대의무를 지켰다고 세제혜택을 받는 게 아닙니다. 세법에서 정해진 요건을 모두 충족하는 게 더 중요합니다.

의무임대기간 - 민간임대주택법 vs 세법이 달라 까다롭다

기본 요건 중 3번인 의무임대기간 충족이 가장 까다롭습니다. 의무임대기간은 지자체 임대사업자등록일, 세무서 임대사업자등록일, 실제 임대개시일 중 늦은 날부터 기산합니다. 갭투자한 주택의 경우 취득하자마자 이미 임대가 개시된 것이므로 세무서 및 지자체 임대사업자로 최대한 빨리 등록해야 의무임대기간을 빨리 충족할 수 있겠죠?

임대주택은 의무기간 동안 계속 임대해야 합니다. 의무임대기간 종료 전에 임대주택을 처분하면 양도세, 종부세 등에서 절세혜택을 받은 세금을 가산세까지 합쳐서 다시 토해내야 합니다. 세금뿐만 아니라 3천만 원 이하의 과태료가 부과될 수 있습니다. 매수자가 의무임대기간을 승계하는 포괄양수도를 하더라도 과태료만 부과되지 않을 뿐, 마찬가지로 절세혜택 받은 세금은 토해내야 합니다.

현재는 세법과 지차체 둘 다 장기임대등록만 가능하며, 의무임대기간도 동일하게 10년이므로 차이가 없습니다. 하지만 앞서 살펴봤듯이 과거에는 세법과 지자체의 등록유형이 서로 달랐습니다. 과거 2018년 3월 31일 이전 단기임대의 경우 지자체 의무임대기간은 4년이었던 반면 세법상 의무임대 기간은 5년이었습니다. 그래서 단기 의무임대기간인 4년이 끝나도 세제혜택을 받으려면 1년이 모자라서 추가 임대기간이 필요했죠. 세제혜택을 받으려면 민간임대주택법의 의무임대기간이 끝났더라도 세법에서 정해진 의무임대기간까지 충족해야 합니다.

또한 18년 4월 1일 이후부터는 장기임대주택에만 세제혜택이 가능합니다. 18년 4월 이후에 등록한 단기임대주택은 임대주택의 양도세 중과배제 및 종부세 합산배제가 적용되지 않으니 주의하세요. 예외적으로 거주주택 비과세 혜택은 18년 4월 이후에 등록한 단기임대에도 적용됩니다.

구분	임대유형	임대기간
18. 3. 31. 이전 등록	단기임대주택 장기임대주택	5년 이상 계속하여 임대
18. 4. 1. ~ 20. 8. 17. 등록	장기임대주택	8년 이상 계속하여 임대
20. 8. 18. 이후 등록	장기임대주택	10년 이상 계속하여 임대

임차인이 없어서 공실이 계속되면?

세법에서는 임대하지 않는 기간이 6개월을 초과하면 계속해서 임대한 것으로 보지 않는다고 명시하고 있습니다. 하지만 의도치 않게 의무임대기간

도중에 기존임차인이 나가고 새로운 임차인을 구하지 못해 공실인 상태가 지속될 수도 있습니다. 그래서 주택임대사업자라면 공실이 6개월을 초과하면 거주주택 비과세 등 세제혜택을 받을 수 없는 것이 아니냐는 걱정이 생길 겁니다.

결론부터 말하면 걱정할 것 없습니다. 21년에 나온 기재부 예규(기획재정부재산-213, 21. 03. 08)에 따르면 여러 임대주택 중 일부 임대주택이 공실일 경우에는 자가거주 등 임대 이외의 목적으로 사용되는 것이 아닌 한 임대사업을 계속하고 있는 것으로 본다고 회신했습니다. 이렇게 예규가 나온 이유는 납세자가 임차인을 구하려고 아무리 노력해도 어쩔 수 없이 공실이 6개월을 초과할 수도 있기 때문입니다. 따라서 임차인을 구하지 못해 공실이 6개월을 초과하더라도 주택임대 외 다른 목적으로 사용하지 않고, 계속해 임차인을 구하려고 시도한다면 거주주택 비과세를 적용받을 수 있을 것으로 판단합니다.

다만 공실기간이 3개월 이하일 경우에만 실제로 임대한 것으로 간주해 임대기간에 포함되며, 3개월 이상을 초과하면 임대기간에서는 제외됩니다. 따라서 공실기간까지 계산해 의무임대기간을 충족할 수 있도록 하세요.

증액제한 - 전세에서 월세로 바꿀 때 임대료 증액은 어떻게?

임대료 증액제한 준수는 이전 임대계약에 비해서 임대료를 5% 내로만 인상하면 되므로 요건충족 여부를 확인하기 쉽습니다. 만약 전세 6억이라면 다음 임대료는 최대 6억 3천만 원 이하로 인상하면 되는 거죠. 그런데 최근 금리인상으로 전세수요가 줄어들고, 월세수요가 높아지고 있습니다. 전세로는 새로운 임차인을 구하기 어렵고, 월세로 전환해야 그나마 방을 채울 수 있죠. 기존 전세금액 중 일부를 월세로 변경해야 하는데, 이때 임대료 증액 상한선을 계산하기 어려울 수 있습니다. 이 경우 법에서 정해진 '전월세 전환율'에 따라야 합니다. 현재 법에서 정해진 전월세 전환율은 '한국은행 기준금리+2%'입니다. 한국은행 기준금리에 따라 전환율도 달라지니 그때마다 한국은행 기준금리를 참고하세요. 만약 임대계약 시 한국은행 기준금리가 2.5%라면 전월세 전환율은 4.5%입니다.

예를 들어 기존 전세보증금 6억에서 임대계약을 갱신했습니다. 전세 1억으로 낮추고 나머지 금액을 월세로 전환한다면 최대 얼마의 월세를 받을 수 있을까요? 우선 기존 전세보증금에서 5% 인상한 금액을 구합니다. 5%를 인상한 금액인 6억 3천만 원에서 전세 1억을 제외한 나머지 5억 3천만 원에 대해 월세로 변경합니다. 전월세 전환율 4.5%를 적용하면 1,485만 원이 나옵니다. 이를 12개월로 나누면 1,237,500원이 최대한 받을 수 있는 월세입니다.

03
성실한 임대사업자를 위한 대가
- 거주주택 비과세

이번에는 요건을 충족했을 때 주택임대사업자가 받을 수 있는 혜택을 알아보겠습니다. 가장 큰 혜택은 '거주주택 비과세'입니다. 10주택을 보유한 다주택자가 1세대1주택 비과세를 받을 수 있는 유일한 방법이 바로 이것입니다. 10주택 중 현재 본인이 살고 있는 거주주택을 제외한 9주택이 모두 임대주택 요건을 충족한다면, 남은 1주택은 비과세 혜택을 받을 수 있습니다. 비과세 대상 1주택을 제외한 나머지 주택 전부를 임대등록하고, 임대주택 요건을 빠짐없이 충족해야 하므로 비과세 혜택을 받는 게 쉽지는 않습니다. 다만 양도세 중과배제나 양도세 감면 혜택 등과 달리 거주주택 비과세는 등록시기와 상관없이 단기임대라도 적용이 가능합니다. 다른 세제혜택은 등록시기, 조정지역 여부 등에 따라 적용받을 수 없더라도 거주주택 비과세만은 폭넓게 적용해 주고 있습니다.

비조정지역 주택이라도 2년 거주는 필수

주택임대사업자가 거주주택 비과세 혜택을 받을 때 역시 무조건 2년 이상 거주해야만 합니다. 이것은 비조정지역이라도 마찬가지입니다. 주택취득일부터 양도일 사이에 2년 이상만 거주하면 됩니다. 임대등록 이후 거주기간이 2년 이상이어야 하는 것은 아니고, 이미 2년 이상 거주한 주택을 임차하다가 양도해도 비과세가 적용됩니다.

임대주택 요건을 충족한 주택임대사업자의 거주주택은 정해진 처분기한 없이 언제 양도해도 비과세 혜택을 받을 수 있습니다. 심지어 의무임대기간 종료 전에 미리 양도해도 됩니다. 거주주택 외의 나머지 주택들을 임대등록한 이후에 바로 거주주택을 처분해도 비과세 혜택을 받을 수 있다는 말입니다. 하지만 비과세 혜택을 받은 이후 임대주택이 의무임대기간이나 임대료 증액제한을 준수하지 않는다면 양도세를 추징당할 수 있으니 조심하세요. 비과세가 취소되고 다주택자 양도세가 다시 부과됩니다.

단점 하나, 거주주택 비과세는 생애 1회만 가능

현재 주택임대사업자의 거주주택 비과세 혜택은 생애 단 한 번만 가능합니다. 한 번 비과세 혜택을 받았다면 다음에는 2년 거주해도 다주택자 중과세율이 그대로 적용됩니다. 과거에는 거주주택 비과세 횟수에 제한이 없었습니다. 생애 1회 거주주택 비과세 제도는 2019년 2월 12일에 새로 시행되었습니다. 반대로 풀어보면 이 말은 19년 2월 12일 전에 취득한 주택이나 매매계약을 체결한 경우에는 생애 1회가 아니라 횟수 관계없이 거주주택 비과세 혜택을 받을 수 있다는 뜻이기도 합니다.

예를 들어 4주택 전부를 19년 2월 12일 전에 취득했고, 이 중 3주택을 임대로 등록했다고 가정하겠습니다. 거주주택에 비과세 혜택을 받고 양도합니다. 남은 3주택 중 의무임대기간이 끝난 주택에 2년 이상 거주한 후 양도해도 다시 거주주택 비과세가 적용됩니다. 19년 2월 12일 전에 분양권을 취득한 경우에도 마찬가지입니다. 거주주택에 비과세 혜택을 받고 양도한 후, 분양권으로 취득한 아파트에 2년 이상 거주하고 양도하면 다시 혜택을 받을 수 있는 거죠.

하지만 거주주택 비과세 혜택을 받은 상태에서 19년 2월 12일 이후에 새로 거주할 신규주택을 취득했다면 상황은 달라집니다. 이미 거주주택 비과세 생애 1회를 사용했으므로 19년 2월 12일 이후에 취득한 주택은 더 이상 비과세 혜택을 받을 수 없습니다.

단점 둘, 남은 임대주택은 100% 비과세가 아니다

단점이 하나 더 있습니다. 주택이 2개 있는데, 하나에는 거주하고 나머지 하나는 임대 중입니다. 거주주택을 비과세로 양도하면 임대주택이 1세대1주택인 상태가 되겠죠? 이 상태에서 양도하면 임대주택 양도차익 중 직전 거주주택 양도일 이후로 발생한 양도차익에 대해서만 비과세가 적용됩니다.

1세대1주택이지만 임대주택의 모든 양도차익에 비과세 혜택을 받는 것이 아닌 거죠. 이 임대주택을 '직전거주주택보유주택'이라고 합니다. 익숙하지 않아서 용어가 어렵게 느껴지겠지만 실상 개념은 그리 어렵진 않습니다. 직전거주주택보유주택의 양도차익은 기존 거주주택의 양도일, 임대주택의 취득일&양도일 당시의 임대주택 공시가격을 사용해 기존 거주주택의 양도일을 기준으로 양도차익을 고르게 나눠서 비과세 양도소득을 계산하게 됩니다.

예를 들어 임대주택을 2016년에 취득했습니다. 기존 거주주택을 19년에 양도했고, 남은 임대주택을 최종 1주택으로 22년에 양도했다고 가정하겠습니다. 임대주택의 기준시가는 16년에 1억, 19년에 3억, 22년에 5억이었습니다. 이때 임대주택의 총양도차익 중 거주주택 양도일 전에 발생한 양도차익 즉, 3억-1억/5억-1억=50%는 비과세가 적용되지 않는 것입니다. 임대주택의 양도소득이 6억이었다면 6억×50%=3억이니까 3억에 대해서는 기본세율로 양도세를 납부해야 합니다.

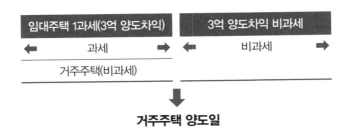

 직전거주주택보유주택의 양도소득 계산법

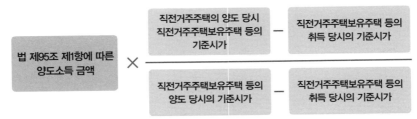

간혹 거주주택보다 임대주택의 양도차익이 더 큰 경우도 있습니다. 임대주택 양도차익은 10억인데, 거주주택 양도차익은 1억이라면, 거주주택 비과세를 포기하고 임대주택 양도차익에 비과세 혜택을 받는 게 유리하겠죠? 안타깝지만 거주주택 비과세는 납세자기 선택할 수 있는 게 아닙니다. 임대요건을 충족한 거주주택은 납세자의 선택과 상관없이 자동으로 비과세가 적용됩니다. 따라서 만약 거주주택보다 임대주택의 가액이 더 크고 가격이 오를 가능성도 높다면 임대등록을 하지 않는 것이 더 유리할 수도 있습니다.

04
성실한 임대사업자를 위한 대가

- 임대주택 양도세 혜택 3가지

주택임대사업자의 거주주택 비과세 혜택뿐만 아니라 의무임대기간 종료 후 임대주택을 양도할 때도 세제혜택을 받을 수 있습니다. 임대주택의 양도세 혜택은 크게 3가지로 중과세율 적용배제, 양도세 감면, 장기보유특별공제 적용이 있습니다. 임대주택 기본요건은 물론이고, 몇 가지 요건을 더 충족해야 임대주택까지 양도세 혜택을 받을 수 있습니다.

양도세 감면과 2가지 장특공 혜택은 중복적용되지 않습니다. 요건 충족을 잘해서 여러 혜택을 받을 수 있다면 절세효과가 가장 큰 하나만 선택해서 적용하세요. 또 여기서 설명하는 임대주택 양도세 혜택들은 과거에 등록한 임대주택인 경우에만 가능합니다. 2022년 현재 새로 임대등록한 경우에는 적용되지 않으니 등록 시기를 확인하기 바랍니다.

하나, 중과세율 적용배제 혜택

우선 중과세율 적용배제 요건부터 알아봅시다. 이것은 종부세 합산배제 요건과 완전히 동일합니다. 종부세 합산배제와 임대주택 중과세율 적용배제는 세트라고 보면 됩니다. 기본적으로 임대주택 취득 당시 비조정지역이어야 합니다. 다만 2018년 9월 13일 이전에 취득한 임대주택은 취득 당시 조정지역이었더라도 중과세율 적용배제가 적용됩니다. 이 요건을 충족하면 임대주택이 조정지역이라도 다주택자 중과세율이 적용되지 않습니다. 하지만 다주택자 중과세율 적용 시 주택수에서 제외되는 것은 아닙니다. 임대주택 2채와 2년 거주하지 않은 조정지역 주택을 보유하다가 조정지역 주택을 양도한다면 거주주택 비과세가 적용되지 않을 뿐만 아니라 3주택자의 다주택자 중과세율이 적용됩니다. 임대주택은 거주주택 비과세 적용 시에만 주택수에서 제외되니 주의하세요. 그 외 다른 주택을 양도할 때는 주택수에 포함되어 중과세율이 적용될 수 있습니다. 취득세에서도 임대주택은 주택수에 포함되므로, 다른 주택 취득 시 중과세율이 적용됩니다.

둘, 양도세 감면 혜택

양도세 감면은 임대주택 양도세 혜택 중 가장 파격적입니다. 임대주택에서 발생하는 양도세를 100% 감면해 주기 때문입니다. 감면받은 세액 중 20%는 농어촌특별세를 내야 하므로 실질적으로는 80% 감면이지만, 양도세액 한도 없이 감면되기 때문에 이 혜택을 잘 이용한다면 어마어마한 절세효과가 있습니다. 양도세 감면을 받으려면 다음 요건을 모두 충족해야 합니다.

다만 양도소득 전체가 아니라 임대기간 중 발생한 양도소득에 대해서만 감면해 줍니다. 10년 임대기간 이후에 발생하는 양도소득은 감면대상이 아닙니다. 임대기간 중 발생한 양도소득은 다음 계산식에 따라 계산한 금액으로 합니다.

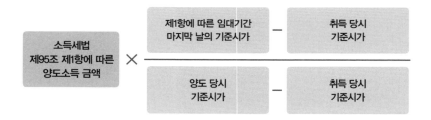

셋, 장기보유특별공제 혜택

양도세 감면까지는 아니지만 장기보유특별공제도 괜찮은 혜택입니다. 여기서 말하는 장기보유특별공제는 일반적인 장기보유특별공제가 아닙니다. 임대기간에 따라 8년 임대 시 50%, 10년 임대 시 70%의 장기보유공제를 적용받을 수 있습니다. 다만 전체 양도차익에 대해서 장기보유특별공제가 적용되는 것이 아니라, 양도세 감면과 동일하게 임대기간 중 발생한 양도소득에만 적용됩니다. 장기보유특별공제 요건은 양도세 감면에 비해 비교적 충족하기 쉽습니다. 2020년 12월 31일까지 장기임대주택으로 등록하고, 기본 임대요건을 충족하기만 하면 됩니다.

임대기간에 따라 공제율을 더해 주는 혜택도 있습니다. 임대주택을 10년 이상 임대하고 15년 이상 보유 후 양도했다면 보유기간 15년에 대한 장기보유특별공제 30%와 추가 공제율 10%를 합해 40%의 장특공이 적용됩니다. 위 장특공은 임대기간 동안 발생한 양도차익에 한정하지 않고 모든 양도차익에 적용됩니다. 장특공을 추가로 적용받으려면 2018년 3월 31일까지 임대 등록한 주택이어야 합니다.

임대기간	추가공제율
6년 이상 7년 미만	100분의 2
7년 이상 8년 미만	100분의 4
8년 이상 9년 미만	100분의 6
9년 이상 10년 미만	100분의 8
10년 이상	100분의 10

05
임대주택 자동말소와 자진말소

원칙적으로 임대주택은 의무임대기간이 지나도 자동으로 임대등록이 말소되지 않습니다. 만약 10년 장기임대등록을 했는데 임대기간 중간에 5개월의 공실이 발생했다면, 추가로 5개월만 더 임대하면 임대요건을 충족할 수 있습니다. 임대등록 후 10년이 지났다고 임대등록이 강제로 말소되는 것이 아니므로 5개월을 더 임대하기 위해 다시 장기임대등록을 할 필요가 없다는 말입니다. 임대사업자가 등록말소를 직접 신청해야 말소됩니다.

이렇게 임대사업자가 등록말소 신청을 하지 않는 한 계속 세제혜택을 받을 수 있게 되자 정부에서는 2020년 7월 10일 부동산대책 발표에서 4년 단기임대등록과 아파트 임대등록을 폐지하게 됩니다. 또 2020년 7월 10일 이후 4년 단기임대주택에서 8년 장기임대주택으로 변경신고를 하거나 폐지되는 유형(4년 단기임대주택, 8년 장기임대주택 중 아파트)으로 등록하는 경우 어떠한 세제혜택도 받지 못하게 만들었습니다.

자동말소 - 임대기간이 끝나면 자동으로 말소되는 유형

4년 단기임대등록과 아파트 임대등록 폐지는 주택임대사업자에게 엄청나게 충격적인 소식이었습니다. 아직 임대등록하지 않았다면 그냥 포기하면 되지만, 이미 임대등록을 한 주택임대사업자는 억울하게 세제혜택을 받지 못하게 되었기 때문입니다. 7·10 부동산대책으로 인해 4년 단기임대등록과 아파트 임대등록을 한 임대사업자들은 의무임대기간이 종료되면 임대사업자가 등록말소를 신청하지 않아도 지자체에서 직권으로 임대등록을 말소시킵니다. 이걸 '자동말소'라고 부릅니다.

세제혜택을 받으려면 최소 5~10년 동안 임대기간을 충족해야 합니다. 원래 18년 3월 말 이전의 단기임대등록은 1년만 더 임대하면 임대요건을 충족해 양도세 중과배제 등의 세제혜택을 누릴 수 있었습니다. 그런데 4년 임대기간 후에는 자동으로 임대등록이 말소되니 임대요건 충족이 불가능하게 된 것이죠. 이에 대한 주택임대사업자의 반발이 심해지자 정부에서는 자동말소 대상인 경우 의무임대기간을 채우지 못해도 임대요건을 충족한 것으로 봐서 그대로 세제혜택을 누릴 수 있게 해줬습니다. 즉 4년 단기임대등록이 자동말소될 경우 5년 임대기간을 충족하지 않아도 세제혜택이 적용된다는 말입니다. 단, 거주주택은 자동말소 후 5년 이내에 양도해야 비과세가 적용됩니다. 이런 혜택을 주었지만 주택임대사업자의 불만은 꺼지지 않았습니다. 자동말소 이후 양도세 세제혜택은 적용되지만, 종부세 합산배제는 더 이상 적용되지 않기 때문입니다. 임대사업자가 자진해서 말소신청을 하지 않는 한 계속 종부세 합산배제를 받을 수 있는데 갑자기 정부 마음대로 법을 개정해 종부세 폭탄을 맞게 된 것이니까요.

자진말소 - 임대기간이 끝나기 전에 자진해서 말소할 수 있는 유형

그래서 자동말소 대상인 임대주택은 의무임대기간 종료 전이라도 자유롭게 등록말소를 할 수 있도록 했는데, 이를 '자진말소'라고 부릅니다. 이때 의무임대기간 미준수를 이유로 과태료를 부과하지 않고, 의무임대기간의 절반 이상만 채우면 임대요건을 충족한 것으로 보고 동일하게 세제혜택을 받을 수 있습니다. 단, 자진말소는 임대인 마음대로 할 수 없으며 임차인의 동의가 반드시 필요합니다.

자진말소 시 세제혜택을 받으려면 4년 단기임대의 경우 2년, 8년 장기임대의 경우 4년 이상의 임대기간만 채우면 됩니다. 아파트를 8년 장기임대로 등록했다면 4년만 임대하고 그 이후 언제든지 자진해서 임대등록을 말소해도 된다는 것이죠. 과태료도 부과되지 않고 세제혜택도 받을 수 있습니다. 다만 자진말소의 경우 말소 후 1년 이내 임대주택을 양도해야 양도세 중과배제 혜택이 적용됩니다.

또 아파트 8년 장기임대주택을 의무임대기간 종료 전에 자진말소한 경우 임대요건을 충족한 것으로 봐서 다른 세제혜택은 적용되지만, 50% 장기보유특별공제는 받을 수 없습니다. 50% 장기보유특별공제를 적용받으려면 8

년 임대기간을 다 채우고 자동말소해야 합니다. 그러므로 아파트의 경우 양
도차익이 크다면 자진말소하지 말고 자동말소해서 50% 장기보유특별공제
를 적용받는 것이 좋습니다.

자진말소는 임대등록이 폐지되는 유형인 4년 단기임대와 아파트 임대등
록에서만 가능합니다. 그 외의 8년 장기임대 중 다세대, 다가구, 단독주택,
주거용 오피스텔은 의무임대기간이 지나기 전에 등록을 말소하면 큰일 납니
다. 앞으로의 세제혜택은 당연히 적용되지 않고, 이미 세제혜택을 적용받은
것 또한 전부 취소되고 세금폭탄을 맞게 되니 주의하세요. 위 임대등록주택
들은 8년 의무임대기간이 지나도 자동으로 말소되지 않습니다.

아파트 이외의 단기임대주택은 자동말소되더라도 다시 10년 장기임대등
록을 할 수 있습니다. 하지만 아파트는 자진, 자동말소 후 다시는 임대등록
을 할 수 없습니다. 결과적으로 아파트 임대주택은 10년 이상 임대 시 적용
되는 양도세 100% 감면과 장기보유특별공제 70% 혜택을 받을 방법이 완전
히 사라진 것입니다.

주택유형별 임대주택 등록

구분	주택유형	자동말소 대상	자진말소	재등록
단기임대주택	아파트	대상	가능	안됨
	단독주택, 다가구주택, 다세대주택, 연립주택, 오피스텔	대상	가능	가능 (장기임대주택)
장기임대주택	아파트	대상	가능	안됨
	단독주택, 다가구주택, 다세대주택, 연립주택, 오피스텔	제외	안됨	가능

 매입임대주택 자동·자진말소에 따른 세제지원 변화

주택구분	단기임대(4년)			장기임대(8년)			
				아파트		아파트 외	
임대등록	폐지			폐지		유지	
말소등록	자동 말소	자진말소 의무기간 1/2 이상 임대 후 말소	자진말소 의무기간 1/2 미만 임대 후 말소	자동 말소	자진말소 의무기간 1/2 이상 임대 후 말소	자진말소 의무기간 1/2 미만 임대 후 말소	기존 등록 / 신규 등록
양도세 중과배제	중과배제 (양도시기 무관)	중과배제 (양도시기 무관)	혜택 없음	중과배제 (양도시기 무관)	중과배제 (말소 후 1년 이내 양도 시)	혜택 없음	혜택 유지 (말소 시 혜택 없음) / 혜택 유지 (임대의무 10년으로 변경)
거주주택 양도세 비과세	말소 후 5년 내 양도 시 비과세		혜택 없음	말소 후 5년 내 양도 시 비과세		혜택 없음	
임대주택 종부세 합산과세	보유 중 합산배제(말소 후 합산) *말소 후 추징 안 함						
임대주택 장특공제	혜택 없음		말소 후 50%	혜택 없음			8년 50% 10년 70%

실전 케이스 스터디

Q. 15년에 취득한 1주택을 보유하다가 18년 말에 분양권 매매계약을 체결했습니다. 여기에 19년 10월에 주택을 추가로 취득해서 8년 장기임대주택으로 등록했습니다. 기존 1주택과 분양아파트 주택 모두 19년 2월 11일 이전에 취득하고 매매계약을 체결했으니 생애 1회 거주주택 비과세에 해당되지 않고 두 주택 모두 거주주택 비과세를 받을 수 있는 거죠?

A. 19년 2월 11일 이전에 임대등록한 주택이 아니라면, 생애 1회 세법 시행일 이전에 매매계약을 체결했더라도 거주주택 비과세 혜택을 받을 수 없습니다. 따라서 18년 말에 매매계약을 체결한 분양권은 혜택을 받을 수 없습니다. 임대등록주택을 보유한 상태에서 19년 2월 11일 이전에 매매계약을 체결해야 생애 1회에 대한 제한이 없는 것입니다. 그러므로 두 주택 중 1주택에만 비과세 혜택이 적용됩니다.

Q. 2020년 7월 10일에 아파트 임대등록을 신청했습니다. 그런데 지자체에서 등록업무처리가 지연되어서 렌트홈에서 확인해 보니 실제 등록일은 7월 15일로 되어 있습니다. 그럼 저는 7월 11일 이후에 등록한 게 되니까 임대주택 세제혜택을 받을 수 없는 건가요?

A. 2020년 7월 11일 이후에 임대주택으로 등록되었더라도 신청일이 7월 10일 이전이라면 7월 10일 이전에 등록한 것으로 간주해 동일하게 세제혜택이 적용됩니다.

Q. 직전임대계약이 반전세로 전세 3억, 월세 100만 원이었습니다. 이번에 새로 계약하면서 전세금액은 3억으로 그대로 두고 월세만 올려받고 싶은데요. 임대료 증액제한을 준수하면서 최대한 월세를 올려받고 싶습니다. 얼마나 올려 받을 수 있을까요?

A. 전세와 월세를 합해 환산보증금으로 변경한 후 5% 인상한 금액에서 다시 전세와 월세로 나눠서 계산해야 합니다. 전월세 전환율이 5%라고 가정하면 환산보증금은 3억+연간 월세 1,200만 원/5%=5억 4천만 원입니다. 여기서 5% 인상하면 금액은 5억 6,700만 원이죠? 전세 3억을 제외한 나머지 금액 2억 6,700만 원을 연월세로 변경하면 2억 6,700만 원×5%=1,335만 원이며, 이를 다시 12개월로 나누면 최대 1,112,500원까지 월세를 올려받을 수 있겠습니다. 자세한 내용은 본문을 참고하세요.

Q. 장기임대주택 3채와 14년에 취득한 거주주택 1채를 보유 중입니다. 22년에 새로 이사 갈 주택을 취득한 후에 기존 거주주택을 양도하려고 합니다. 이렇게 되면 장기임대주택 3채, 그 외 주택 2채가 되어서 거주주택 비과세가 적용되지 않나요?

A. 장기임대주택을 소유하고 있는 경우에도 일시적 2주택 특례를 적용받을 수 있습니다. 장기임대주택을 제외한 나머지 2주택이 일시적 2주택 요건을 충족한다면 위 거주주택은 비과세가 가능합니다. 다만 거주주택 비과세 혜택은 생애 1회만 가능하므로, 22년에 취득한 신규주택은 거주주택 비과세 혜택이 적용되지 않습니다.

Q. 임대주택은 국민주택 규모 85㎡ 면적을 초과해도 세제혜택을 받을 수 있나요?

A. 임대주택 요건에는 면적에 대한 기준은 없습니다. 다만 임대주택에 대한 양도세 100% 감면 및 장기보유특별공제 50~70% 혜택만큼은 국민주택 규모 이하의 임대주택에만 적용됩니다.

주택임대사업자입니다. 임대주택 의무임대기간 종료 전에 미리 거주주택 비과세 혜택을 받았습니다. 그런데 의무임대기간 종료 전에 임대주택이 재개발사업 등으로 인해서 멸실되게 생겼습니다. 멸실되면 의무임대기간을 충족할 수 없는데요. 이런 경우에도 양도세를 다시 납부해야 하나요?

이미 거주주택 비과세 혜택을 받았더라도 임대주택이 멸실되어 더 이상 임대할 수 없게 되면 임대요건을 충족한 것으로 봅니다. 신축아파트 완공 이후에 새로 임대주택으로 등록할 의무도 없습니다. 아파트는 어차피 임대등록을 할 수 없어졌으니까요. 결과적으로 거주주택 비과세는 문제없습니다. 하지만 순서가 반대인 경우, 즉 임대주택이 멸실되어 입주권으로 변경된 이후에 거주주택을 처분하면 비과세가 적용되지 않으니 주의가 필요합니다. 멸실로 인한 지자제의 임대등록말소 전까지 거주주택을 처분해야 비과세 혜택이 적용되니 이런 경우라면 빨리 대처해야 합니다.

19년에 4년 단기임대등록한 주택임대사업자입니다. 자진말소하면 의무임대기간을 절반만 채워도 요건을 전부 충족한 것으로 본다고 들었습니다. 자진말소 후 1년 이내에 임대주택을 양도하면 중과세율이 아니라 기본세율로 양도세를 낼 수 있는 거죠?

18년 3월 말 이후 등록한 단기임대주택은 애초에 중과세율 적용배제 대상이 아닙니다. 따라서 자진말소해도 임대주택이 조정대상지역에 있다면 다주택자 중과세율이 적용될 것입니다.

Q. 거주주택 1채를 보유 중인데, 조정지역에 있는 주거용 오피스텔 2채를 취득하고자 합니다. 오피스텔 2채를 10년 장기임대로 등록하는 것이 좋을지 그냥 임대할지 고민입니다. 어떻게 하는 것이 더 유리할까요?

A. 장기임대등록을 하면 현재 거주 중인 주택을 비과세로 양도할 수 있다는 것 외에는 큰 장점이 없습니다. 주거용 오피스텔을 임대등록하면 주택분 재산세가 부과되기 때문에 오피스텔에 종부세가 과세됩니다. 18년 9월 13일 이후 조정지역에서 취득한 주택은 임대등록을 해도 종부세 합산배제 혜택이 적용되지 않습니다. 임대등록을 하지 않으면 업무용 재산세가 부과되니 종부세를 피할 수 있죠. 10년 의무임대기간도 부담스러운데 세금 면에서도 불리해지니 이런 경우에는 장기임대등록을 하지 않는 게 낫습니다.

Q. 주택임대사업자가 세제혜택을 받으려면 임대요건 외에도 다른 의무가 있을까요?

A. 세제혜택과는 별개로 지켜야 할 의무가 몇 가지 있습니다. 첫 번째는 보증보험 의무가입입니다. 2021년 8월 18일 이후에 계약하는 임대차계약부터는 의무적으로 보증보험에 가입해야 합니다. 보증보험비용은 임대인 3/4, 임차인 1/4씩 나눠 부담합니다. 임대주택의 등기부등본에 이 주택이 임대주택이라는 부기등기도 해야 합니다. 이것은 임차인이 해당 주택이 등록임대주택인지 확인할 수 있도록 주택임대사업자가 해당 주택의 등기사항에 등록임대주택임을 표시하는 등기입니다.

Q. 21년 5월에 단기임대주택을 자진말소하고, 22년 7월에 장기임대아파트를 자진말소했습니다. 자진말소는 했지만 둘 다 계속 보유할 예정입니다. 자진말소 후 5년 이내에 거주주택을 양도해야 비과세가 적용될 텐데요. 이렇게 임대주택을 2번 이상 말소하면 언제를 기준으로 거주주택 양도기한 5년을 기산하게 되나요?

A. 임대주택 여러 채를 말소한 경우 최초 등록이 말소된 날로부터 5년 이내에 거주주택을 양도해야 거주주택 비과세가 적용됩니다. 그러므로 21년 5월부터 5년 이내에 거주주택을 양도하면 됩니다.

Q. 장기임대주택 3채와 거주주택 1채, 상속주택 1채를 보유 중입니다. 22년에 새로 이사 갈 주택을 취득한 후에 기존 거주주택을 양도하려고 합니다. 거주주택과 일시적 2주택 비과세는 중복해 적용된다고 하셨죠? 여기에 상속주택만 추가되는 것인데 상속주택은 비과세 산정 시 주택수에서 제외되니 당연히 이 경우에도 거주주택은 비과세겠죠?

A. 거주주택 비과세와 일시적 2주택의 중복적용, 거주주택 비과세와 상속주택의 중복적용, 일시적 2주택과 상속주택의 중복적용은 비과세가 적용될 수 있습니다. 하지만 거주주택 비과세, 상속주택, 일시적 2주택 3가지의 중복적용은 안 됩니다. 법문상으로는 비과세가 가능할 것 같지만, 국세청 예규에 3가지 이상의 비과세 중복적용은 안 된다고 명시하고 있습니다. 결론적으로 이 경우에는 비과세가 적용되지 않습니다.

Q. 자동말소, 자진말소 후에도 임대주택을 계속 임대하고, 임대료 5% 이내 인상을 지켜야 세제혜택을 받을 수 있나요?

A. 임대요건을 이미 충족했다면 말소 이후에는 어떠한 의무도 준수할 필요가 없습니다. 임대주택에 직접 거주해도 되고, 상한 제한 없이 임대료를 마음껏 인상하더라도 세제혜택은 동일하게 적용됩니다.

Q. 주택임대사업자에게 임대등록된 주택을 포괄적으로 승계취득하는 조건으로 매수했습니다. 임대주택을 포괄승계해 취득하는 경우에도 동일하게 세제혜택을 적용받을 수 있나요?

A. 임대주택을 매매나 증여로 포괄승계해 취득하는 경우에도 기존 주택임대사업자가 임대주택을 등록한 시점에 따라 동일하게 세제혜택을 받을 수 있습니다. 예를 들어 기존 주택임대사업자가 17년에 장기임대등록한 주택을 4년 임대하고, 21년에 포괄승계했다면 위 임대주택은 양도세 중과배제, 거주주택 비과세 등의 혜택을 그대로 받을 수 있습니다. 또한 포괄승계받은 임대사업자는 추가로 4년만 더 임대하면 총 8년의 민간임대주택법상 임대기간을 충족하게 됩니다. 그 뒤엔 과태료 없이 임대등록을 말소하고 임대주택을 처분할 수 있습니다. 다만 세제혜택을 받으려면 임대기간은 포괄승계한 시점부터 새로 충족해야 합니다. 민간임대주택법상 승계받은 임차인이 취득한 시점부터 8년의 임대기간을 충족해야 세제혜택을 받을 수 있습니다. 세법에서는 임대주택 승계취득 시 전 임대인이 임대한 기간을 매수인의 임대기간으로 인정해 주지 않습니다.

PART 2

주택과 관련된 세금이 양도세만 있는 것은 아니죠? 2부에서는 집을 팔 때 납부해야 하는 양도세 말고도 집을 살때 내는 취득세, 집을 보유할 때 내는 재산세와 종부세, 임대할 때 내는 임대소득세, 증여나 상속할 때 내는 증여세와 상속세 등 집 하나를 두고 우리에게 부과되는 모든 세금을 흐름에 따라 정리해 보겠습니다. 단순한 설명이 아니라 세무서에서 과세하는 과정, 자금조달계획서를 쓰는 법, 세무조사에 대비하는 방법, 정부의 조세 방향 등 미리 알아둬야 제대로 절세할 수 있는 실무전략을 담았으니 부동산 현업에 종사하는 분들도 충분히 도움이 될 것입니다.

때마다 다른 부동산 절세 전략

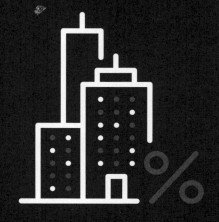

7장.

갖고 있을 때는,
주택 보유세

01
주택 재산세

주택 보유세는 기본적으로 보유한 주택에 대해 개별적으로 세금이 부과됩니다. 기본공제나 세율에 약간의 차이는 있지만 취득세나 양도세처럼 다른 세대원의 주택수에 영향을 받지는 않습니다. 주택 보유세는 재산세와 종부세(종합부동산세) 2가지로 분류됩니다. 재산세는 지방세이며 종부세는 국세입니다. 지방세는 구청에서 관리하며, 국세는 세무서에서 관리합니다. 똑같은 보유세지만 재산세와 종부세의 성격은 매우 다릅니다. 한 가지 중요한 공통점이 있는데 재산세와 종부세 모두 매년 6월 1일을 기준으로 보유하는 주택에 대해 과세한다는 것입니다. 주택 보유기간과 상관없이 주택을 6월 1일 이전에 등기이전하거나 잔금을 완납해 취득했다면 그 해의 보유세를 납부할 의무가 생기는 것입니다.

따라서 주택을 처분하는 입장이라면 6월 1일 전에 처분하는 것이 유리하고, 취득하는 입장이라면 6월 1일 이후에 취득하는 것이 유리합니다. 하루 차이로 보유세 몇백만 원이 달라질 수 있으니 5~6월 사이에 매매계약을 한다면 신중하게 날짜를 결정해야 합니다.

주택 보유세는 말 그대로 주택에만 부과됩니다. 분양권, 입주권은 주택이 아니므로 주택 보유세가 과세되지 않고 주택수에도 포함되지 않습니다.

재산세 계산 방법

시가 10억, 공시가 7억의 주택 재산세는 100만 원에 불과합니다. 일반 승용차의 자동차세가 50만 원가량인 것을 고려하면 주택 재산세는 상대적으로 적은 편이죠. 재산세는 세부담이 적고, 구청에서 고지서가 날아오는 대로 납부만 하면 되기 때문에 납세자 문의가 가장 적은 세금입니다. 종부세와 달리 재산세는 누가 어떻게 보유하더라도 동일해서 절세할 방법도 사실상 없습니다. 다른 세목에 비해 납세자가 꼭 알아둬야 할 것이 별로 없으니 재산세가 어떻게 부과되는지 정도만 정리해도 충분합니다.

재산세 계산 방법은 복잡하지 않습니다. 재산세의 과세표준은 시가표준액과 공정시장가액비율을 곱해 계산합니다. 주택의 시가표준액은 흔히들 알고 있는 주택 공시가격입니다. 공시가격이 상승할수록 재산세도 상승하게 됩니다. '공정시장가액비율'은 과세표준을 정하는 비율입니다. 정부에서 60~100% 사이로 탄력적으로 적용하기 때문에 매년 바뀔 수 있습니다. 22년 공정시장가액비율은 1세대1주택자 45%, 그 외는 60%입니다. 즉 주택 공시가격의 45~60%만 과세표준으로 정한다는 뜻입니다. 공시가격 10억의 주택만 보유한 1세대1주택자의 경우 재산세 과세표준은 4.5억에 불과합니다.

　재산세의 세율은 누진세율입니다. 주택공시가격이 올라갈수록 세율도 올라갑니다. 1세대1주택자의 경우 특례세율을 적용하면 기본세율과 별로 차이가 없습니다. 재산세 자체가 그리 부담되는 세금이 아니기 때문에 재산세를 아끼려고 1세대1주택을 고집할 필요는 전혀 없습니다. 의외겠지만 오히려 다주택자의 재산세가 더 적게 나올 수도 있습니다. 예를 들어 똑같이 공시가격 합계 20억의 주택을 보유한다고 가정하겠습니다. 공시가격 5억 주택을 4채 보유하는 다주택자의 재산세는 110만 원×4채=440만 원인 반면, 공시가격 20억 주택을 1채 보유하는 1세대1주택자의 재산세는 480만 원입니다. 1채의 고가주택보다 여러 채의 저가주택을 보유할수록 각각의 주택이 더 낮은 세율을 적용받기 때문입니다.

주택 재산세 계산방식

과세표준	=	공시가격 × 공정시장가액비율(60%)
재산세	=	과세표준 × 재산세율
도시지역분	=	과세표준 × 도시지역분세율(0.14%)
지방교육세	=	재산세 × 교육세율(20%)
재산세 고지총액	=	재산세 ＋ 도시지역분 ＋ 지방교육세

📖🔍 주택 재산세율

주택 공시가격	과세표준(공시가격의 60%)	다주택	1세대 1주택*
1억 원 이하	6천만 원 이하	0.1%	0.05%
1억~2억 5천만 원 이하	6천만 원~1억 5천만 원 이하	0.15%	0.1%
2억 5천만 원~5억 원 이하	1억 5천만 원~3억 원 이하	0.25%	0.2%
5억 원~6억 원 이하	3억 원~3억 6천만 원 이하	0.4%	0.35%
6억 원 초과	3억 6천만 원 초과		0.4%

*1세대1주택 특례세율 2021~2023년 한시적용

재산세 납부 방법

주택 재산세는 7월과 9월, 2번으로 나눠서 납부합니다. 납부해야 할 재산세가 100만 원이라면 7월 16일~31일 사이에 50만 원, 9월 16일~30일 사이에 50만 원을 납부합니다. 7월에 이미 재산세를 납부했는데 9월에 다시 재산세를 납부하라고 고지서를 받았다면 이중으로 잘못 부과된 것이 아닙니다. 그냥 재산세를 2번으로 나눠서 납부하는 것뿐입니다.

재산세는 해당 재산에 대해서 각각 개별적으로 부과되며, 고지서도 주택별로 따로 고지됩니다. 주택 5채를 보유하고 있다면 1장으로 세금을 합산해 고지서가 나오는 것이 아니니 참고하세요. 5채라면 5개의 고지서가 나옵니다. 해당 주택소재지의 지방자치단체에서 각각 개별적으로 고지서를 발송하기 때문입니다. 여기에 7월과 9월 두 번으로 나눠서 발송하니 총고지서는

10장이 되겠습니다. 다주택자의 경우 재산세 고지서를 수십 장 받을 수도 있습니다. 워낙 많은 고지서를 받다 보면 재산세를 누락하는 일도 생깁니다. 내가 보유한 주택수의 2배가 납부해야 할 주택의 고지서 총개수라는 것을 기억하세요.

02
주택 종부세(종합부동산세)

"너 종부세 내? 부자네."

불과 몇 년 전만 해도 종합부동산세(이하 종부세)를 납부한다고 하면 이런 소리를 들었습니다. 2018년만 해도 종부세 납부대상자가 전국적으로 40만 명도 채 안 되었기 때문입니다. 하지만 주택 가격이 상승함에 따라 21년에는 종부세 납부대상자가 100만 명을 돌파했고, 납부세액도 몇 배로 증가했습니다. 종부세 때문에 주택취득을 포기하거나 보유 중인 주택을 자녀에게 증여하기도 합니다. 이제는 종부세가 주택 투자전략을 결정하는 중요한 대목이 된 셈입니다.

종부세 계산 방법

종부세 계산 방법도 재산세와 비슷합니다. 종부세도 주택 공시가격을 기준으로 계산합니다. 세대별로 주택을 합산해 부과하는 것이 아니라 개인별로 각자 보유하는 주택에 대해서만 부과합니다. 하지만 종부세는 개인별로 보유하고 있는 모든 주택의 공시가격을 합해 부과한다는 것이 다릅니다. 재산세는 각 주택의 과세표준과 세율을 따로따로 계산해 개별적으로 고지서를 보내는데, 종부세는 보유한 모든 주택가격을 합산해 하나의 과세표준으로 계산하기 때문입니다.

또한 종부세는 다주택자와 1주택자의 세율 차이가 2배가량으로 매우 큽니다. 똑같은 금액의 주택을 보유하더라도 고가 1주택자와 중저가 다주택자의 종부세 차이는 몇 배가 날 수도 있습니다. 그래서 매년 4월 말 공시가격이 인상되면 다주택자들이 가장 크게 걱정하는 것이 바로 이 종부세입니다. 기본공제금액부터 1주택자와 다주택자의 차이가 크니까요. 1세대1주택자의 기본공제금액은 11억이며, 그 외 주택보유자는 6억입니다. 공시가격 11억 이하인 1세대1주택자라면 종부세는 한 푼도 나오지 않습니다.

본인과 배우자가 각각 1채씩 보유 중이라면 1인 1주택이지만 1세대2주택이므로 공제금액은 6억으로 적용됩니다. 공제금액은 각각 주택을 보유하는 사람별로 따로 적용됩니다. 1세대4주택이지만 어머니, 아버지, 나, 동생 각자 공시가격 6억인 주택을 1채씩 보유하고 있다면 각자 기본공제 6억씩 적용되므로 종부세는 한 푼도 나오지 않습니다. 따라서 한 명이 여러 주택을 보유하는 것보다 여러 세대원이 1주택씩 보유하는 것이 종부세 절세의 기본입니다.

공정시장가액비율은 21년 95%에서 22년 60%로 인하되었습니다. 이는 1주택자뿐만 아니라 다주택자에게도 동일하게 적용됩니다. 이 덕분에 다주택자 종부세도 작년보다는 적게 나올 겁니다. 다만 22년에 너무 크게 인하한 경향이 있어서 23년에는 다시 80%로 인상될 가능성이 매우 높습니다.

이렇게 과세표준이 구해지면 종부세율을 곱해 종부세가 나오게 되는데 여기서 재산세 납부액 중 일부를 제외해 줍니다. 종부세와 재산세는 똑같이 주택을 과세대상으로 해 부과하는 보유세라서, 종부세와 재산세가 이중으로 과세되는 현상을 어느 정도 감안한 것으로 보입니다.

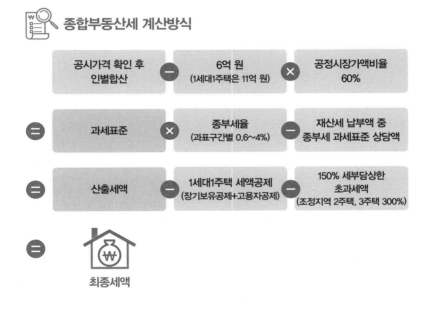

종합부동산세 계산방식

| 공시가격 확인 후 인별합산 | − | 6억 원 (1세대1주택은 11억 원) | × | 공정시장가액비율 60% |

= 과세표준 × 종부세율 (과표구간별 0.6~4%) − 재산세 납부액 중 종부세 과세표준 상당액

= 산출세액 − 1세대1주택 세액공제 (장기보유공제+고용자공제) − 150% 세부담상한 초과세액 (조정지역 2주택, 3주택 300%)

= 최종세액

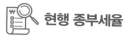 **현행 종부세율**

과세표준	일반세율	조정지역 2주택 또는 3주택
3억 원 이하	0.6%	1.2%
6억 원 이하	0.8%	1.6%
12억 원 이하	1.2%	2.2%
50억 원 이하	1.6%	3.6%
94억 원 이하	2.2%	5.0%
법인	3%	6%

종부세 납부 방법

종부세는 고지서는 11월 말에 납세자에게 발송됩니다. 고지서를 받은 납세자는 12월 1일~15일에 종부세를 납부해야 합니다. 종부세는 자동으로 고지서가 발급되는 세금이지만 납세자가 자진해서 신고할 수도 있습니다. 고지서의 종부세가 잘못 부과되었다고 판단된다면 12월 1일~15일에 홈택스 홈페이지에 신고하면 됩니다. 이 경우 처음에 부과된 고지세액은 취소됩니다.

03
1세대1주택자의
세상 만만한 종부세 전략

1세대1주택자는 아무리 고가주택이라도 종부세 부담이 크지 않습니다. 기본공제금액이 크고 세율은 낮은데, 심지어 장기보유자나 고령자에게는 세액공제 혜택까지 줍니다. 장기보유자는 보유기간에 따라 최대 50%까지, 고령자는 연령에 따라 40%까지 공제해 줍니다. 장기보유공제와 고령자공제는 중복적용도 가능합니다. 장기보유자이면서 고령자라면 최대 80%까지 세액공제를 받을 수 있습니다. 22년 기준 공시가격 20억 주택 보유 시 농어촌특별세를 포함해 납부해야 할 종부세는 195만 원에 불과합니다. 최근 부동산 세법의 개정 추세가 1세대1주택자의 세금을 대폭 감면하는 방향으로 흘러가고 있습니다. 앞으로 1세대1주택자의 종부세는 폐지되거나 더 축소될 가능성이 매우 크니 종부세 걱정을 할 필요는 없어 보입니다.

공동명의 시 종부세

종부세는 인별과세이기 때문에 1세대1주택을 가족과 공동명의로 취득하였다면 각자 따로 1주택을 보유한 것으로 봅니다. 그래서 공동명의를 하면 종부세 계산 시에는 1세대2주택이 되어 장기보유공제 및 고령자공제 혜택을 받지 못하게 됩니다. 1세대1주택인데 공동명의라서 불이익을 받는다니 뭔가 억울하죠? 납세자의 불만이 폭주하자 작년부터 배우자 공동명의에 한해 단독명의와 똑같은 혜택을 받을 수 있게 되었습니다. 하지만 배우자 공동명의일 때만 그렇습니다. 부모와 자녀 공동명의는 혜택을 받을 수 없다는 걸 기억하세요.

부부 공동명의라도 자동으로 적용해 주는 것은 아닙니다. 9월 16일~30일 사이에 공동명의 1주택자 신청서를 제출한 납세자에 한해서만 해줍니다. 신청하지 않으면 1세대1주택 종부세가 적용되지 않습니다. 홈택스에서 쉽게 신청할 수 있으니 기한 내에 꼭 신청하세요.

배우자 공동명의일 때 특례를 신청하여 1세대1주택 계산방식을 적용받는 게 오히려 더 불리한 경우도 있습니다. 주택 공시가격이 높고 세액공제가 적용되지 않는 경우에는 인별과세로 종부세를 납부하는 것이 더 유리합니다.

예) 공시가격 20억 공동명의, 세액공제 미적용
1주택자 신청 시: 종부세 330만 원
1주택자 미신청 시: 종부세 215만 원

 **종부세 세액공제**

고령자공제

연령	세액공제율
60~65세	20%
65~70세	30%
70세 이상	40%

장기보유공제

보유기간	세액공제율
5~10년	20%
10~15년	40%
15년 이상	50%

04
다주택자의
종부세 폭탄 피하기 전략

　　1세대1주택자에 비하면 다주택자의 종부세는 가혹할 정
도입니다. 다주택 소유에 대한 벌금이라고 봐도 과언이 아닙니다. 21년에는
공시가격 5억인 주택을 4채 보유했을 때 종부세가 무려 2,940만 원이었습
니다. 22년에는 공정시장가액비율이 95%에서 60%로 바뀌어 1,500만 원으
로 줄었지만, 공시가격 20억인 주택을 1채 보유했을 때 종부세가 330만 원
인 것에 비하면 1주택자와 무려 5배가량 차이가 납니다. 다주택자에게 적용
되는 가혹한 종부세 때문에 '똘똘한 1채'라는 말이 생겼을 정도니까요.

　　공동명의보다 각자 단독명의로!　다주택자에 해당되지 않으려면 공동명
의보다는 단독명의로 주택을 취득하는 것이 좋습니다. 예를 들어 조정지역
에 공시가격 10억인 주택 2채를 배우자와 각각 1채씩 보유하면 각자 1주택자

라서 다주택자가 아닙니다. 기본세율(0.6%)이 적용되어 종부세는 각자 100만 원씩 총 200만 원이 나옵니다. 하지만 2채를 모두 배우자와 공동명의로 보유하면 각자 2주택을 보유한 것이 되어 다주택자에 해당합니다. 다주택자 중과세율(1.2%)이 적용되어 종부세는 각자 300만 원씩 총 600만 원이 나옵니다. 똑같이 공시가격 10억이라도 단독명의로 1채씩 보유하느냐, 공동명의로 2채씩 보유하느냐에 따라 종부세 차이가 이렇게나 큽니다.

조정지역과 비조정지역으로 나누어 보유하기! 물론 2채라고 무조건 다주택자 중과세율이 적용되진 않습니다. 조정지역 2채부터 종부세가 중과되기 때문에 조정지역 1채와 비조정지역 1채를 보유하면 유리합니다.

주택 처분하기(증여, 매매, 임대주택) 주택을 증여 또는 처분해 주택수를 줄이거나 임대주택으로 등록하는 방법도 있습니다. 단, 아파트는 더 이상 신규 임대주택 등록이 불가능하므로 처분하는 것 외에는 종부세를 피할 방법이 따로 없습니다. 만약 임대주택 등록으로 종부세를 면제받았다가 의무임대기간이 지나기 전에 주택을 처분하거나 임대료 증액제한 요건을 지키지 않으면 면제받았던 종부세를 다시 내야 합니다. 다만 예외적으로 18년 3월 31일 이전에 등록한 4년 단기임대사업자와 아파트 8년 장기임대사업자가 자동말소, 자진말소를 하는 경우 면제받았던 종부세를 추징당하지 않습니다.

주택수에서 제외되는 특례주택 활용하기 1세대1주택자인데 이사나 상속으로 다주택자가 되기도 합니다. 이사 때문에 6월 1일 기준 2주택자라고 해서 종부세를 과다하게 부담하는 건 조세 형평성에도 어긋나죠. 그래서 22년부터는 다음과 같은 경우 1세대1주택자 특례를 적용해 줍니다. 취득세, 양도세에서는 비조정지역+조정지역의 일시적 2주택자는 종전주택의 처분기한이 3년입니다. 그러나 종부세에서는 비조정지역의 주택이라도 무조건 종전주택을 2년 내에 처분해야 하니 주의하세요. 상속주택은 여러 채라도 모두 주택수에서 제외됩니다. 하지만 지방 저가주택은 2채 이상 보유하면 1세대1주택자 특례가 적용되지 않습니다. 상황에 따라 특례주택이 겹칠 수도 있습니다. 일시적 2주택, 상속주택, 지방 저가주택을 모두 보유한 경우에도 각 주택이 특례주택 요건을 충족한다면 전부 주택수에서 제외되어 특례를 받을 수 있습니다. 기존 보유주택이 일시적 2주택이 아니라 일반적인 2주택 상태라면 다릅니다. 이때는 상속주택이라도 1주택자 특례가 적용되지 않습니다. 그래도 상속주택은 주택수에서 제외되니 다주택자 세율은 피할 수 있습니다.

주택수에서 제외되는 특례주택

1. 일시적 2주택
1세대1주택자가 종전주택 양도 전 다른 주택을 취득하고 2년 내에 종전주택을 양도

2. 상속주택
1세대1주택자가 상속을 원인으로 취득하는 주택으로 다음 중 어느 하나에 해당하는 주택
– 상속개시일로부터 5년을 경과하지 않은 주택
– 주택 공시가격이 수도권의 경우 6억, 그 외 지역은 3억 이하인 주택
– 상속주택의 지분이 40% 이하인 주택

3. 지방 저가주택
공시가격 3억 이하이면서 수도권 및 광역시, 특별자치시가 아닌 지역 소재 주택

위 주택들이라도 완전히 종부세 비과세 혜택을 받을 수 있는 건 아닙니다. 1세대1주택 판정 시에서만 주택수에서 제외되며, 과세표준에는 해당 주택 공시가격도 합산됩니다. 예를 들어 조정지역에 10억, 15억 2채의 일시적 2주택자라면, 과세표준은 두 주택이 모두 과세되어 25억이지만 그 외 공제금액과 세율은 1세대1주택자로 적용받습니다. 21년과 비교하면 종부세 부담이 많이 줄었습니다.

단, 자동으로 특례를 적용해 주지는 않으니 주의하세요. 본인이 위 예외사항에 해당한다면 9월 16일~30일까지 국세청 홈택스 홈페이지에 1주택자로 신청해야 합니다. 잊지 말고 신청해 꼭 혜택을 챙기기 바랍니다.

	특례 미신청	특례신청
공시가격	25억	25억
공제금액	6억	11억
과세표준	19억 × 60% = 11.4억	14억 × 60% = 8.4억
세율	2.2%	1.2%
종부세	2,150만 원	650만 원

파격적인 23년 종부세 개정사항

지난 7월 21일에 발표한 세법개정안에 아주 파격적인 종부세 개정내용이 들어갔습니다. 이 개정사항은 23년 종부세 납세분부터 적용됩니다. 개정사항은 크게 2가지입니다.

첫 번째는 기본공제금액의 상향입니다. 1세대1주택자인 경우 11억에서 12억, 그 외는 6억에서 9억으로 기본공제금액이 상향됩니다. 다주택자의 기본공제금액이 무려 3억이나 상향되는 것입니다. 두 번째는 다주택자 중과세율 폐지 및 세율 인하입니다. 주택수에 상관없이 공시가격을 기준으로 세율이 적용되며, 1주택자와 다주택자의 종부세율이 동일하게 적용됩니다. 즉 1주택자와 다주택자의 종부세 차이가 매우 작아집니다.

이 종부세 개정사항은 국회 통과가 필요해 아직 실행 여부가 확실하지는 않습니다. 만약 12월 정기국회에서 위 법안이 통과한다면 다주택자 종부세는 상당히 줄어들 것입니다. 공시가격별로 종부세를 비교해 보면 21년 종부세 대비 약 15% 수준만 부담하면 될 것으로 보입니다. 1주택자와 다주택자의 종부세 차이가 거의 없어지므로 더 이상 다주택자가 종부세를 두려워할 필요가 없을 것입니다. 시가 30억(공시가 20억 수준) 정도의 주택을 보유해도 종부세는 400만 원 수준에 불과합니다. 종부세 때문에 굳이 보유 중인 다주택을 급하게 처분할 필요가 없어진 것이죠. 이 법의 통과 여부에 따라 부동산 시장이 크게 요동칠 테니, 주택투자 계획이 있다면 종부세 세법개정이 결정되는 12월 이후에 하는 것이 좋겠습니다.

 **종부세법 개정안**

현행			개정안	
주택분 종합부동산세 세율			**다주택자 중과제도 폐지 및 세율 인하**	
과세표준	2주택 이하	3주택 이상	과세표준	세율
			3억 원 이하	0.5%
3억 원 이하	0.6%	1.2%	3억 원 초과 6억 원 이하	0.7%
3억 원 초과 6억 원 이하	0.8%	1.6%	6억 원 초과 12억 원 이하	1.0%
6억 원 초과 12억 원 이하	1.2%	2.2%	12억 원 초과 25억 원 이하	1.3%
12억 원 초과 50억 원 이하	1.6%	3.6%	12억 원 초과 50억 원 이하	1.5%
50억 원 초과 94억 원 이하	2.2%	5.0%	50억 원 초과 94억 원 이하	2.0%
94억 원 초과	3.0%	6.0%	94억 원 초과	2.7%

 종부세법 개정안이 통과될 경우 23년 예상 종부세

공시가격	21년 종부세	23년 종부세
9억	350만 원	없음
15억	1,530만 원	140만 원
20억	2,880만 원	340만 원
25억	4,750만 원	620만 원
30억	6,730만 원	900만 원
40억	1억 560만 원	1,680만 원
50억	1억 4,400만 원	2,450만 원

05
오피스텔의
재산세와 종부세

———————————

　　　　　업무용으로도 주거용으로도 사용할 수 있기 때문에 오피스텔 관련 세금은 특이한 점이 많습니다. 오피스텔 보유세도 마찬가지입니다. 오피스텔을 업무용으로 쓸 때와 주거용으로 쓸 때 사용용도에 따라 보유세가 완전히 달라집니다.

재산세

　　오피스텔은 건축법상 주택이 아닌 업무시설에 해당됩니다. 그러므로 오피스텔은 원칙적으로 주택이 아닌 일반건축물로 재산세가 과세됩니다. 일반건축물은 주택에 비해 높은 세율이 적용되므로 주택분 재산세가 더 저렴한 편입니다. 오피스텔에 대해 주택분 재산세를 납부하고 싶다면 관할 자치단체에 주거용으로 사용한다고 재산세 변동신고를 해야 합니다. 전입신고 여부, 수도전기 사용현황 등 주거사실을 증명할 수 있는 자료도 함께 제출하세요. 이렇게 개별적으로 신청해야만 주택분 재산세가 과세됩니다. 그 외 오피스텔은 일반 건축물 재산세가 부과됩니다.

종부세 - 주거용 오피스텔은 종부세가 안 나온다?

종합부동산세법 제7조 납세의무자를 보면 "과세기준일 현재 주택분 재산세의 납세의무자가 종부세를 납부한다"라고 정의되어 있습니다. 이 말은 재산세 과세현황에 따라서 종부세도 주택 여부를 그대로 적용해 과세하겠다는 뜻입니다.

오피스텔을 주거용으로 사용하면 주택에 해당합니다. 당연히 재산세 변동신고를 해서 주택분 재산세를 납부해야 하는 것이 원칙입니다. 하지만 실제로 주거용으로 사용 중이라도 재산세 변동신고를 하지 않고, 일반건축물 재산세로 납부하면 종부세는 과세되지 않습니다. 종부세를 피하기 위해 일부러 주거용 오피스텔로 재산세 변동신고를 하지 않는 경우도 있습니다. 재산세 변동신고를 하지 않아도 원래 납부해야 할 주택분 재산세보다 더 많이 납부하는 것이라 과태료나 가산세는 발생하지 않습니다.

오피스텔은 겉으로 봐선 무슨 용도로 사용 중인지 알 수 없습니다. 또 업무가 많은 세무서에서 전국의 오피스텔을 일일이 찾아가 주택으로 사용 중인지 실사하는 것도 불가능합니다. 결국 재산세를 기준으로 종부세를 과세할 수밖에 없는 거죠. 그래서 재산세가 실제 사용용도대로 부과되지 않는다면 종부세도 제대로 부과되지 않는 것입니다.

재산세를 관할하는 지방자치단체는 오피스텔 실제 사용용도를 점검해야 할 의무가 있습니다. 하지만 오피스텔은 주거용 재산세보다 업무용 재산세가 더 많이 나옵니다. 지방자치단체로서는 더 비싼 업무용 재산세를 내고 있는데, 굳이 실사해서 주택분 재산세로 줄여줄 필요가 전혀 없는 거죠. 재산세는 지방세, 종부세는 국세라서 세수입도 다르고 입장도 다르다 보니 이런 상황이 벌어집니다. 결국 오피스텔 사용현황에 따라 재산세 변동신고를 제대로 하지 않아도 불이익이 딱히 없어서 납세자 입장에서는 솔직하게 재산세 변동신고를 할 이유가 없는 셈입니다.

실전 케이스 스터디

Q.

조정대상지역에 공시가격 10억인 주택을 2채 보유 중입니다. 21년에 종부세가 무려 2,800만 원이나 나왔습니다. 올해는 종부세 폭탄을 피하고 싶은데요. 법인을 설립해 주택 1채를 법인으로 보유하면 1세대1주택자가 되니 종부세가 줄어들지 않을까요?

A.

주택 1채를 법인으로 넘기면 나머지 1주택만 보유하므로 1세대1주택자가 되어 기본공제 11억이 적용돼 종부세는 나오지 않습니다. 하지만 법인이 소유하는 주택에 대해서는 법인에 종부세가 발생합니다. 법인은 개인과 달리 1주택만 소유하더라도 기본공제가 전혀 적용되지 않기 때문에 종부세가 무조건 발생합니다. 종부세율도 3~6% 사이로 개인보다 훨씬 높습니다. 21년 기준으로 봤을 때 공시가격 10억에 대한 종부세는 3,000만 원이었습니다. 결국 법인으로 주택을 넘기면 오히려 종부세가 더 많이 나옵니다.

Q. 조정대상지역에 공시가격 10억인 주택을 1채 보유한 1세대1주택자입니다. 기본공제 11억을 적용받아 종부세를 내지 않고 있습니다. 자녀 명의로 조정대상지역에 공시가격 1억 이하 소형주택을 1채 취득하려고 합니다. 종부세는 인별과세이니 제 명의가 아니라 자녀 명의로 취득하면 여전히 종부세가 부과되지 않겠죠?

A. 자녀는 종부세가 부과되지 않지만 본인에게는 종부세가 새롭게 부과됩니다. 기존에는 1세대1주택이라 기본공제 11억을 적용받아 종부세가 과세되지 않았습니다. 하지만 같이 사는 자녀 명의로 주택을 취득하면 1세대1주택이 아니고, 기본공제 역시 11억이 아닌 6억으로 적용됩니다. 기본공제가 6억으로 하향되니 나머지 4억에 대해 종부세가 발생하겠죠. 본인이 새로 취득한 주택이 없더라도 다른 세대원이 취득한 주택이 있으면 1세대1주택 기본공제 혜택을 받지 못하게 되고, 추가로 종부세가 발생한다는 걸 참고해주세요.

Q. 결혼 후 첫 주택을 취득하려고 합니다. 배우자와 공동명의로 취득할지 단독명의로 취득할지 고민됩니다. 어떻게 취득하는 것이 종부세를 줄일 수 있는 방법일까요?

A. 이 경우는 앞으로의 계획에 따라 최선의 방안이 달라집니다. 만약 1세대1주택 이후 추가로 주택을 취득할 계획이 없다면 공동명의가 유리합니다. 1세대 1주택을 공동명의로 취득한다면 공동명의로 취득한 경우와 단독명의로 취득하는 경우를 비교해 둘 중 더 유리한 쪽으로 선택하면 됩니다. 하지만 이후 추가로 주택을 취득하면 최소한 배우자와 본인 중 한 명은 다주택자가 되어 종부세 부담이 커질 수 있습니다. 이 경우 첫 주택을 단독명의로 취득하고, 두 번째 주택을 배우자 명의로 취득하면 부부 모두 1주택자로 다주택자 중과 세율을 피할 수 있습니다. 정리하면 추가주택을 취득할 계획이 있다면 단독명의로, 그렇지 않다면 공동명의로 취득하는 것이 유리하겠습니다.

일시적 2주택자입니다. 종전주택은 제 명의로 취득하고 신규주택은 배우자 명의로 취득했습니다. 종부세 1세대1주택자 특례를 신청하려고 하는데 대상이 아니라고 합니다. 일시적 2주택자가 맞는데 왜 특례대상이 아닌가요?

 1세대1주택자 특례는 부부가 각각 1채씩 소유할 때 적용되는 게 아닙니다. 1명이 특례대상 주택을 모두 보유하는 경우에만 적용됩니다. 이는 일시적 2주택뿐만 아니라 상속주택이나 지방 저가주택도 마찬가지입니다. 종부세는 인별과세라서 납세의무자가 동일한 경우에만 특례가 적용되기 때문입니다. 다만 종전주택이 부부 공동명의고 신규주택이 배우자 명의라면, 종전주택의 납세의무자를 배우자로 정하는 방법으로 1주택자 특례를 받을 수 있을 겁니다.

 현재 제 명의로 주택 1채, 배우자 명의로 주택 1채를 보유 중입니다. 주택 1채를 추가로 더 취득하고자 합니다. 종부세를 최대한 절세하면서 주택 1채를 추가로 취득할 수 있는 방법을 알고 싶습니다.

 결론부터 말하면 비조정지역 주택을 공동명의로 취득하는 것이 가장 유리합니다. 조정지역 1채+비조정지역 1채인 경우 다주택자 중과세율이 적용되지 않기 때문입니다. 배우자와 공동명의로 취득하면 과세표준도 절반씩 부담하게 되니 종부세 증가가 크지 않을 것입니다.

Q. 1세대1주택을 보유 중인데 주택을 소유한 부모님이 몸이 아프셔서 모시고 살아야 하는 상황입니다. 부모님과 합가하면 1세대1주택이 아니라 종부세 폭탄을 맞게 될까 봐 걱정됩니다. 좋은 방법이 없을까요?

A. 부모님을 모시고 살아야 하는데 종부세 폭탄 때문에 그럴 수 없다면 사회적인 규범에 어긋나는 일입니다. 그래서 과세기준일 현재 60세 이상의 직계존속(직계존속 중 어느 한 사람이 60세 미만인 경우를 포함)과 1세대를 구성하는 경우에는 합가한 날부터 10년 동안 부모님과 별도세대로 봐서 주택수를 합산하지 않습니다. 종부세 걱정 없이 부모님과 합가해도 됩니다. 부모님뿐만 아니라 혼인의 경우도 마찬가지입니다. 종부세 때문에 혼인을 꺼린다면 사회적으로 큰 손실이니까요. 혼인으로 1세대를 구성하는 경우 혼인한 날부터 5년 동안은 배우자와 별도세대로 봅니다. 혼인신고 이후 5년 동안은 나 1주택, 배우자 1주택이라도 나와 배우자 모두 1세대1주택으로 기본공제를 각각 11억씩 받게 되어 종부세가 절감되는 혜택을 누릴 수 있습니다.

Q.

입주권은 주택이 아니기 때문에 종부세가 과세되지 않는다고 알고 있습니다. 그런데 저는 입주권 취득 후 종부세가 과세되었습니다. 종부세가 잘못 부과된 것일까요?

A.

양도소득세에서는 관리처분인가일 이후부터 입주권으로 판정하는 반면, 재산세에서는 관리처분인가일 이후라도 주택이 철거되거나 멸실되기 전까지는 주택분 재산세와 종부세가 나옵니다. 관리처분인가일 이후에도 재개발 재건축 대상 주택에서 실거주하는 경우도 있습니다. 이 경우에는 일반주택과 동일하게 재산세, 종부세가 과세되는 것이죠. 그러므로 입주권 취득 시 주택의 멸실 여부를 확인하고 취득해야 종부세 과세를 피할 수 있습니다.

Q.

18년 9월 13일 이후 조정지역의 주택을 취득하였으나, 취득 계약은 9월 13일 이전에 했습니다. 이 주택을 임대등록하면 종부세 합산배제 적용이 가능한가요?

A.

18년 9월 13일까지 조정지역의 주택 취득을 위해 매매계약을 체결하고 계약금을 지급한 사실을 증빙서류로 제출할 수 있다면 합산배제가 가능합니다. 마찬가지로 18년 9월 13일 이후 조정지역의 주택을 취득했더라도, 조정지역 지정 전에 매매계약을 체결하고 계약금까지 지급했다면 종부세 합산배제가 가능합니다.

Q. 임대주택 등록이 자동(자진)말소 되었습니다. 등록이 말소되었으니 앞으로 더 이상 합산배제 혜택을 못 받는다는 것은 알고 있습니다. 그런데 말소일이 6월 10일인데요. 종부세는 6월 1일 기준으로 적용되니 올해까지는 합산배제를 받을 수 있나요?

A. 6월 1일 기준으로 임대등록 중이었다면 올해는 합산배제 대상입니다. 하지만 내년부터는 더 이상 합산배제 대상이 아니므로 반드시 합산배제 제외 신고를 해야 합니다. 한번 임대주택으로 합산배제 신청을 했다면 매년 자동으로 적용됩니다. 문제는 지자체와 국세청의 전산시스템이 연동되어 있지 않다는 것입니다. 그래서 지자체에서 임대주택이 말소되더라도 국세청 전산에 자동으로 반영되지 않습니다. 납세자가 홈택스 홈페이지에 들어가 직접 합산배제 제외 신고를 해야 하니 주의하세요.

8장.

세를 놓을 때는,
주택 임대소득세

01
임대소득에도
세금을 내야 한다?

　　과거에는 과세대상이 아니었지만 2019년부터 연간 2천만 원 이하의 주택임대소득에 대해서도 소득세가 과세되기 시작했습니다. 지난 4년 동안 주택임대사업자가 10배 가까이 증가했고, 이에 따라 주택임대소득에 대한 납세의무자도 늘었습니다. 거주하는 주택만 보유 중이라면 주택임대소득에 대한 세금을 알 필요가 없습니다. 그러나 주택을 2채 이상 보유 중이라면 이제는 주택임대소득세도 꼭 알아야 하는 세금이 되었으니 잘 읽어보세요.

　　구청에 등록한 임대주택이 없다면 국세청에서 주택임대소득 파악에 시간이 걸리므로 세금을 납부하라는 안내문이 개별적으로 오지는 않습니다. 그래서 아직 주택임대소득에도 세금을 납부해야 한다는 걸 모르는 사람이 많습니다. 하지만 주택임대소득도 사업소득에 해당되며, 사업소득이 발생하면 종합소득세를 신고·납부할 의무가 있습니다. 다만, 모든 주택임대소득에 대해 세금을 내야 할 의무가 있는 것은 아닙니다. 주택임대소득에 대한 세금은 전세/월세, 1주택자/다주택자 여부에 따라 비과세되기도 합니다. 비과세 임대소득만 있다면 당연히 종합소득세 신고의무도 없습니다.

주택임대소득 과세 요건

소유 주택수 (부부 합산)	월세 소득	보증금 소득
1주택	비과세*	비과세
2주택	과세	비과세
3주택	과세	간주임대료 과세 (소형주택 제외)

*기준시가 9억 원 초과 주택 임대소득은 과세

주택수에 따른 임대소득세

주택수에 따라 과세되는 주택임대소득이 다릅니다. 흔히 1주택자는 주택임대소득에 세금을 내지 않아도 된다고 생각하죠? 맞기도 하고 틀리기도 합니다. 기준시가 9억 원을 초과하는 주택이고, 월세를 받는다면 과세대상입니다. 수도권 아파트는 기준시가 9억 원을 초과할 가능성이 크니 1주택자라도 월세소득이 있다면 기준시가를 꼭 확인해 보세요. 주택임대소득 신고의무가 있는데도 누락하기 쉬운 경우입니다. 2주택자는 모든 월세소득에 대해 과세됩니다. 3주택자 이상이라면 모든 월세소득+전세보증금 중 소형주택(주거 적용면적 40㎡ 이하이면서 기준시가 2억 원 이하)은 제외하고 과세됩니다.

공동명의 주택의 주택수 공동명의라면 보유지분이 가장 큰 사람의 주택수에만 포함됩니다. 예를 들어 아버지 70%, 아들 30%인 공동명의 주택이라면 아버지의 주택수에만 포함되고, 소수지분인 아들의 주택수에는 포함되지 않습니다. 단, 다음 요건 중 하나에 해당하면 소수지분의 주택도 주택수에 포함됩니다. 만약 공동명의 주택의 지분이 가장 큰 사람이 2명 이상이라면 각자의 주택수에 모두 포함됩니다. 예를 들어 아버지 50%, 아들 50%인 공동명의 주택이라면 각자 1주택씩 주택수에 포함되니 주택수를 계산할 때 주의가 필요합니다.

① 해당 주택에서 발생하는 소수지분에 대한 임대소득이 연간 600만 원 이상인 경우
② 기준시가 9억 원을 초과하는 주택이면서 지분율 30%를 초과하는 경우

부부의 주택수 주택임대소득세는 세대별 합산과세가 아니라 개인별로 각각 본인 명의의 임대소득에 세금을 냅니다. 보유 주택수를 계산할 때는 개인별 주택수를 적용하지만, 예외적으로 부부의 주택수는 합산합니다. 다른

가족의 주택수는 합산하지 않습니다. 예를 들어 부모님 2주택+자녀 2주택이라면 각각 2주택이므로 전세보증금에는 과세하지 않습니다. 하지만 본인 2주택+배우자 2주택이라면 주택수를 합산해 총 4주택이 되기 때문에 전세보증금에도 세금을 내야 하는 것입니다.

과세되는 주택임대소득이 있다면 해야 할 일

1. 세무서 사업자등록

과세대상인 임대사업소득이 발생했다면 세무서에 사업자등록을 해야 합니다. 세무서 사업자등록은 선택이 아니라 의무입니다. 세무서에 사업자등록을 해도 임대료 5% 증액제한 등의 의무는 전혀 없습니다. 오히려 사업자등록을 하지 않으면 주택임대소득의 0.2%에 대해 사업자 미등록 가산세가 부과되니 꼭 하기 바랍니다.

2. 사업장현황신고

주택임대사업자는 부가세 신고 의무가 없는 면세사업자입니다. 면세사업자는 부가세 신고 대신 1월 1일~2월 10일 사이에 사업장현황신고를 해야 합니다. '사업장현황신고'는 5월 종합소득세 신고 전에 미리 임대소득에 대해 신고하는 제도입니다. 사업장현황신고를 하면 국세청에서 5월에 종합소득세를 신고하라고 안내문이 날아옵니다. 또 5월 종합소득세를 신고할 때면 임대소득이 자동으로 계산되어 나오니 신고하기도 더 편합니다. 단, 사업장현황신고를 하지 않는다고 가산세가 나오지는 않습니다.

3. 종합소득세 신고

매년 5월 31일까지는 지난해 1월~12월까지의 임대소득에 대해 신고·납부를 해야 합니다. 5월이 지나고 신고하거나 신고하지 않으면 무신고가산세 (납부세액×20%)가 발생하니 꼭 이 기간 안에 신고하세요.

02
임대소득 계산하기
- 간주임대료

월세소득은 계산이 매우 쉽습니다. 실제로 1년간 받은 월세가 나의 월세소득입니다. 하지만 전세보증금은 임대기간 종료 후 세입자에게 그대로 돌려줘야 하는 돈이므로 그 자체가 내 소득은 아니죠. 내 돈도 아닌데 왜 전세보증금에 임대소득세가 과세될까요? 임차인에게 받은 전세보증금을 예금으로 보유하면 예금이자가 발생하겠죠? 그래서 전세보증금을 예금으로 보유했다고 가정하고, 이 예금이자를 임대소득으로 간주하겠다는 것입니다. 보증금에서 발생하는 이자를 임대수입으로 간주하여 과세한다고 해서 '간주임대료'라고 부릅니다.

실제로 이 보증금을 은행에 예금했다고 가정해 보겠습니다. 맡긴 돈에 이자가 발생하면 이자에도 이자소득세가 과세되는데, 간주임대료까지 과세하면 동일한 소득에 세금을 두 번 과세하는 이중과세 문제가 생깁니다. 이 이중과세 문제를 해결하기 위해 보증금에서 실제로 발생한 이자나 배당소득은 간주임대료에서 제외해 줍니다.

간주임대료를 계산할 때는 모든 임대주택의 보증금 합계에서 3억을 제외하고 과세합니다. 단독명의와 공동명의 주택이 혼합된 경우라면 이를 구분해 총보증금에서 각각 3억씩을 제외하고 과세합니다. 정리하면 총보증금은 똑같더라도 공동명의 주택이 있다면 단독명의 주택과 별개로 보증금에서 3억을 제외해 주기 때문에 간주임대료가 더 적게 나올 수 있다는 것입니다. 공동명의 주택은 각자 지분율만큼 간주임대료를 계산하면 되고, 단독명의 주택의 간주임대료와 합산하여 총간주임대료를 구하면 됩니다.

간주임대료 계산방식

(보증금 − 3억) × 60% × 정기예금이자율(21년 기준 1.2%) − 임대사업에서 발생한 이자 및 배당금 = 간주임대료

※주거 전용면적 40㎡ 이하이면서 기준시가 2억 원 이하인 소형주택은 과세제외

예) 간주임대료 계산하기

A~D 주택이 있습니다. 전세보증금은 각각 3억으로 동일하다고 가정하고, 상황에 따라 간주임대료를 계산해 봅시다.

1. A~D 주택 모두 단독명의
총간주임대료 = (12억 − 3억) × 60% × 1.2% = 648만 원

2. A, B 주택은 남편 단독명의, C. D 주택은 부부 공동명의(각각 지분 50%)
남편 단독명의 주택 간주임대료: (6억 − 3억) × 60% × 1.2% = 216만 원
공동명의 주택 간주임대료: (6억 − 3억) × 60% × 1.2% = 216만 원
남편 총간주임대료 = A 주택 간주임대료 216만 원 + B 주택 간주임대료 216만 원 × 지분 50% = 324만 원

03
임대소득 계산하기
- 2천만 원 이하면 분리과세

주택임대소득 세금 계산 방법은 연간 주택임대소득 2천만 원 초과 여부에 따라 분리과세와 종합과세로 나눠집니다. 분리과세는 다른 소득과 분리하여 오로지 주택임대소득에 대해서만 세금을 계산하므로 내용이 복잡하지 않습니다. 분리과세 대상자라면 직접 신고해도 충분합니다. 연간 주택임대소득이 2천만 원 이하라면 분리과세와 종합과세 중 유리한 방법으로 선택할 수 있습니다. 분리과세는 연간 주택임대소득이 2천만 원 이하일 때만 선택할 수 있으며, 임대소득에 상관없이 14% 단일세율로 과세됩니다.

공제금액은 주택임대소득 외에 다른 종합소득이 2천만 원 이하일 때만 적용되며 일반주택은 200만 원, 구청에 등록한 주택은 400만 원입니다. 구청에 등록한 임대주택이라면 단기임대주택은 30%(2호 이상 임대 시 20%), 장기임대주택은 75%(2호 이상 임대 시 50%)의 세액감면을 추가로 받을 수 있습니다. 예를 들어 등록임대주택의 임대소득이 1천만 원이고, 다른 소득이 없다면 납부할 세금은 1,000만 원×60%−400만 원=0원입니다.

등록 임대주택과 미등록 임대주택을 함께 보유 중이라면 계산이 많이 복잡해집니다. 등록과 미등록 임대주택의 기본공제와 필요경비율이 다르므로 임대소득에 대해 각각 안분해 계산해야 합니다. 예를 들어 등록임대주택의 임대소득이 400만 원, 미등록 임대주택의 임대소득이 600만 원이라면 기본공제는 (400만 원×40%)+(200만 원×60%)=280만 원, 필요경비율은 (60%×40%)+(50%×60%)=54%입니다. 결과적으로 납부할 세금은 (1,000만 원×54%)−280만 원=260만 원이 됩니다.

분리과세 계산 방법
{임대수입금액 − (임대수입금액 × 필요경비율) − 공제금액} × 14%
*이때 세액감면 필요경비율은 50%, 구청에 등록한 등록임대주택은 60%

 주택임대소득 2,000만 원 이하의 등록 구분과 분리과세

구분	① 임대소득 (수입금액)	② 필요경비	③ 기본공제	④ 세율	⑤ 소형주택 세액감면*
등록 주택	월세 + 간주임대료	60%	400만 원	14%	○
미등록 주택		50%	200만 원		×
계산식	(① − ② − ③) × ④ − ⑤				

*소형주택세액감면: 4년 단기임대 30%(2호 이상 임대 20%) 8년·10년 장기임대 75%(2호 이상 임대 50%)

04
임대소득 계산하기
- 2천만 원 초과면 종합과세

주택임대소득 세금 계산 방법은 연간 주택임대소득 2천만 원 초과 여부에 따라 분리과세와 종합과세로 나눠집니다. 분리과세와 달리 종합과세는 본인의 다른 소득과 주택임대소득을 합산해 계산하므로 다른 소득의 유무와 종류에 따라 계산과정과 신고 방법이 비교적 복잡합니다. 종합과세 대상자라면 세무대리인을 통해 신고하는 걸 권합니다.

연간 주택임대소득이 2천만 원을 초과하면 무조건 종합과세 대상입니다. 종합과세는 분리과세와 달리 근로, 사업, 이자, 배당, 연금, 기타소득까지 총 6가지 소득을 모두 합산해 과세합니다. 여러 가지 소득이 합산되어 종합소득이 높을수록 높은 세율이 적용됩니다. 그래서 임대소득 외 근로소득이나 다른 사업소득이 있다면 분리과세에 비해 세금이 훨씬 많이 나오게 됩니다. 종합과세는 크게 추계신고와 장부작성 2가지 신고 방법이 있습니다.

추계신고

실제로 발생하는 비용과 상관없이 국세청에서 정해진 경비율만큼 비용을 차감하고 소득을 계산합니다. 예를 들어 일반주택임대업(업종코드 701102)의 경우 단순경비율은 42.6%, 기준경비율은 16.4%입니다. 직전년도 사업수입금액이 2,400만 원 미만이면 단순경비율, 그 외는 기준경비율이 적용됩니다. 흔히 이 부분에서 헷갈립니다.

예를 들어 22년 임대소득은 21년 임대수입금액이 2,400만 원 미만일 경우에만 단순경비율이 적용됩니다. 22년 임대소득이 100원이라도 21년 임대수입금액이 4천만 원이라면 기준경비율이 적용됩니다. 반대로 22년 임대소득이 4천만 원이라도 21년 소득이 100원이라면 단순경비율이 적용됩니다. 즉 이번에 신고하는 소득금액이 아니라 작년에 신고한 수입금액에 따라 단순경비율과 기준경비율이 적용되는 것입니다. 기준경비율 대상인지 단순경비율 대상인지 판단이 어렵다면 국세청 홈택스 홈페이지에서 제공하는 '신고도움서비스'를 조회하면 쉽게 알 수 있습니다.

추계신고 장점	추계신고 단점
・사업 관련 비용이 없어도 일정경비만큼 비용을 인정받을 수 있다. ・신고 방법이 간단해 납세자가 직접 신고하기 편리하다.	・사업 관련 비용이 많다면 추계신고 시 오히려 세금이 더 많이 나올 수 있다. ・전년도 사업수입금액이 4,800만 원 이상이면 추계신고 시 무기장 가산세(산출세액의 20%)가 부과된다.

장부작성

사업소득과 관련해 발생한 비용을 일일이 계산해 장부를 작성해서 신고하는 방법입니다. 종합소득세는 수입에서 비용을 제외한 순소득에 대해 부과됩니다. 그래서 임대소득과 관련된 비용을 빠짐없이 계산해야 종합소득세를 적게 낼 수 있습니다.

주택임대소득과 관련해 인정되는 필요경비로 대표적인 것은 종부세, 재산세 같은 보유세와 임대주택 취득 시 발생한 대출 이자비용입니다. 임대주택 취득에 대한 대출 이자비용이 아니라 다른 주택 대출에 대한 이자비용은 경비로 인정되지 않습니다. 그 밖에 임대차 중개수수료, 수도·전기세, 건물 단순 수리비, 건물 감가상각비도 비용으로 인정받을 수 있습니다. 다만 새시 설치, 발코니 확장처럼 금액이 큰 리모델링 공사비용이나 건물취득 시 중개수수료는 필요경비로 인정되지 않습니다. 이 비용들은 임대소득세가 아니라 양도소득세 필요경비로 인정됩니다.

장부작성 방식은 2가지입니다. 직전년도 수입금액이 7,500만 원 이하라면 간편장부, 7,500만 원 초과라면 복식장부로 작성해야 합니다. 간편장부는 말 그대로 간편하게 신고할 수 있는 방식입니다. 사업 관련 비용을 접대비, 소모품비, 지급수수료 등 몇 가지 항목들로 분류만 할 수 있으면 가계부와 유사하므로 회계지식 없어도 할 수 있습니다. 반면 복식장부는 비용뿐만 아니라 자산 및 부채에 대해서도 신고해야 하므로 다소 복잡합니다. 간편장부보다 추가되는 신고서 서류가 많기도 하지만, 특히 재무제표와 손익계산서를 작성해야 하기 때문에 회계지식이 없다면 장부를 작성하는 것이 사실상 불가능합니다.

　장부작성의 가장 큰 장점은 추계신고보다 소득세가 적게 나올 수 있다는 겁니다. 예를 들어 임대수입이 2천만 원인데 종부세, 이자비용 등 필요경비가 2천만 원이라면 장부작성으로 신고할 경우 소득이 없으므로 세금도 나오지 않습니다. 일반적으로 단순경비율 적용 대상자가 아니라면 간편장부를 작성하는 것이 세금이 더 적게 나옵니다. 하지만 비용이 발생할 때마다 증빙서류를 잘 챙겨둬야 나중에 소득세 신고를 할 때 빠짐없이 반영할 수 있습니다. 또 신고 방법이 복잡해서 세무신고 대행이 필요합니다. 통상적으로 간편장부 세무신고 대행료는 20만 원 내외입니다. 그리 비싼 건 아니므로 직접하기보다는 세무대리인에게 맡기기를 권합니다. 주택 임대수입에서 필요경비를 제외한 후 순소득에 대해 종합소득세율을 적용하면 소득세를 구할 수 있습니다. 종합소득세에 대한 세율은 다음 페이지를 참고하세요.

장부작성 장점	장부작성 단점
・사업 관련 비용이 많다면 추계신고보다 소득세가 적게 나올 수 있습니다. ・전년도 사업수입금액이 4,800만 원 이상이면 무기장 가산세를 피할 수 있다.	・사업 관련 비용 증빙서류를 잘 챙겨야 해서 번거롭다. ・신고 방법이 복잡해 납세자가 스스로 신고하기 어렵고 세무신고 대행을 맡겨야 한다.

종합소득세 세율

과세표준	세율	누진세액공제
1,200만 원 이하	6%	–
1,200만 원 초과~4,600만 원 이하	15%	108만 원
4,600만 원 초과~8,800만 원 이하	24%	522만 원
8,800만 원 초과~1억 5천만 원 이하	35%	1,460만 원
1억 5천만 원 초과~3억 원 이하	38%	1,940만 원
3억 원 초과~5억 원 이하	40%	2,540만 원
5억 원 초과~10억 원 이하	42%	3,540만 원
10억 원 초과	45%	6,540만 원

실전 케이스 스터디

CASE STUDY 08

Q. 임대주택으로 등록하지도 않았는데 임대소득 신고를 꼭 해야 하나요? 임대주택으로 등록하지 않으면 임대소득이 노출되지 않을 텐데 그냥 신고하지 않고 넘어가도 국세청에서 모르지 않을까요?

A. 임대주택으로 등록하지 않았어도 국세청은 다양한 정보를 통해 주택임대소득 발생 여부를 쉽게 알 수 있습니다. 특히 3주택 이상 보유 중인데 주택임대소득을 신고하지 않았다면 국세청에서 연락이 올 가능성이 매우 큽니다. 신고하지 않았다가 나중에 세금이 부과되면 무신고 가산세(납부세액의 20%)까지 추가되니 자진해서 신고하길 권합니다. 참고로 국세청이 노출되지 않은 임대소득을 파악할 때 주로 사용하는 자료는 다음과 같습니다.

1. 전월세 확정일자
2. 임차인의 월세 세액공제 신청
3. 21년 6월부터 시행된 전월세 신고제
4. 주택보유현황

임대소득이 2천만 원 이하입니다. 임대소득 관련 비용은 없습니다. 분리 과세와 종합과세를 선택할 수 있는데 어느 방법이 더 유리할까요?

다른 종합소득이 없다면 종합과세가, 등록임대주택이라면 필요경비와 소 득공제금액이 높아서 분리과세가 더 유리할 수 있습니다. 2가지 경우를 모 두 비교해서 세금이 더 낮게 나오는 방법으로 신고하세요. 주택임대등록을 하지 않고 주택임대소득 외 다른 소득이 없다면 분리과세보다 종합과세가 유리할 가능성이 큽니다. 만약 근로소득 같은 다른 소득이 있다면 일반적 으로 분리과세가 더 유리합니다. 종합과세 시 임대소득과 근로소득이 합쳐 져 세율이 높게 부과되기 때문입니다.

종합과세가 유리한 경우 – 주택임대 미등록

	종합과세			분리과세
임대소득	2,000만 원		임대소득	2,000만 원
필요경비	42.6%		필요경비	50%
소득공제	150만 원	VS	소득공제	200만 원
과세표준	998만 원		과세표준	800만 원
세율	6%		세율	14%
결정세액	528,000원		결정세액	1,120,000원

분리과세가 유리한 경우 – 주택임대 등록

	종합과세			분리과세
임대소득	1,500만 원		임대소득	1,500만 원
필요경비	42.6%		필요경비	60%
소득공제	150만 원	VS	소득공제	400만 원
과세표준	711만 원		과세표준	200만 원
세율	6%		세율	14%
결정세액	356,600원		결정세액	280,000원

다른 종합소득이 있는 경우

	종합과세			분리과세
임대수입	2,000만 원		임대소득	2,000만 원
임대소득	1,148만 원		필요경비	50%
근로소득	3,000만 원	VS	소득공제	없음
종합소득	4,148만 원		과세표준	1,000만 원
세율	15%		세율	14%
결정세액	1,722,000원		결정세액	1,400,000원

주택임대소득 3천만 원으로 종합과세 대상자입니다. 대출이자 비용 같은 경비가 전혀 없어서 건물 감가상각비라도 비용처리하려고 합니다. 건물 감가상각비를 비용처리하면 향후 양도세가 추가로 더 나올 수도 있나요?

종합소득세와 양도세에서 같은 비용을 이중으로 두 번 처리하는 건 허용되지 않습니다. 그래서 종합소득세에서 건물 감가상각비를 비용처리했다면, 양도세 계산 시 건물 취득가액에서 그만큼을 제외합니다. 예를 들어 취득가격 8억의 건물에 매년 감가상각비 2천만 원씩을 비용처리했다고 가정해 볼게요. 다음 표를 보세요.

취득가격: 8억
내용연수: 40년
감가상각: 2천만 원
임대기간: 10년

	비용처리 ×	비용처리 ○
임대소득	3,000만 원	
필요경비	없음	2,000만 원
과세표준	3,000만 원	1,000만 원
세율	15%	6%
종합소득세	330만 원	50만 원
세금 차이	280만 원 × 10년 = 2,800만 원	

감각상각비를 비용처리하지 않으면 종합소득세가 330만 원이지만, 하면 50만 원밖에 나오지 않습니다. 10년 동안 계속하면 종합소득세 차이가 무려 2,800만 원이나 됩니다. 당장은 세금이 적게 나오니 좋아 보입니다. 하지만 이렇게 10년 동안 2억가량을 비용처리하면 취득가액 역시 2억이 낮아

져 안 나와도 될 양도세가 부과됩니다. 만약 부동산 시가가 올랐다면 비용 처리 여부에 따라 양도세 차이는 더 커질 겁니다. 그러니 되도록 감가상각은 주택임대소득에서 비용처리하지 않는 것이 좋습니다.

	비용처리 ×	비용처리 ○
양도가액	8억	8억
취득가액	8억	6억
양도차익		2억
양도세율	없음	38%
양도세		4,450만 원

주택임대사업자입니다. 임대소득이 2천만 원 이하라서 분리과세로 신고했습니다. 감가상각비를 따로 비용처리하지 않았으니 양도세 걱정은 안 해도 되겠죠?

A. 주택임대사업자에게만 주는 혜택인 임대소득 세액감면을 받은 경우 감가상각비를 비용처리한 것으로 봅니다. 일반 주택임대사업자들은 세액감면이 불가능하고, 구청에 주택임대등록을 한 사업자만 의무임대기간에 따라 30~75%의 세액감면을 받을 수 있습니다. 그런데 이 세액감면을 받는 순간, 실제로는 감가상각비를 비용으로 처리하지 않아도 처리한 것으로 간주합니다. 이 말은 세액감면을 받으면 향후 양도세가 추가로 발생한다는 뜻이기도 합니다. 임대소득 몇십만 원 감면받고, 양도세는 몇백만 원 추가로 내야 할 수도 있는 거죠. 그러니 임대소득세를 좀 더 내더라도 되도록 주택임대사업자의 세액감면은 받지 않는 것이 좋습니다.

> **관련 예규_ 사전법규재산 2021-856(2022. 1. 27.)**
>
> 주택임대사업자가 주택임대소득에 대해 조세특례제한법 제96조 1항에 따라 소득세를 감면받은 경우 감가상각의제 규정이 적용되며, 해당 자산의 양도소득세 계산 시 취득가액에서 해당 감가상각 의제금액을 차감한다.

주택임대분리과세 V 유형으로 국세청에서 세금을 내라고 고지서가 날아왔습니다. 따로 신고할 필요 없이 국세청 고지서대로 세금 납부하면 되나요?

국세청 고지서에 보면 납부할 세액이 명확히 표기되어 있습니다. ARS 한 통이면 신고·납부까지 깔끔히 마무리되니 엄청 편리하기도 하죠. 하지만 알고 보면 원래 내야 할 세금보다 더 많은 세금을 납부했을 수도 있습니다. 구청에 등록한 임대주택의 경우 필요경비가 50~60%, 기본공제가 200~400만 원으로 적용됩니다. 하지만 국세청 고지서는 구청에 등록한 임대주택이라도 필요경비 50%, 기본공제 200만 원을 일괄 적용해서 계산합니다. 주택임대사업자 혜택이 적용되어 있지 않으니 국세청 안내문으로 납부했다면 원래 내야 할 세금보다 더 많이 냈을 가능성이 큽니다. 이런 경우라면 경정청구를 통해 과거 5개년 간의 세금을 환급받을 수 있으니 환급 신청을 하면 됩니다.

주택임대소득 절세 전략 최종 정리!

1. 국세청에 사업자등록하기(미등록 가산세 = 수입금액의 0.2%)

2. 국세청에서 세금신고하라는 연락이 오지 않았더라도 자진해서 신고하기

3. 주택임대수입 2천만 원 이하라도 무조건 분리과세로 하지 말고, 종합과세와 세금 유불리를 비교해 보고 선택하기

4. 종부세, 대출이자 비용 등 주택임대 관련 비용이 많다면 추계신고 대신 장부 작성으로 신고하기

5. 감가상각비 비용처리나 주택임대사업자 세액감면 혜택은 되도록 적용하지 않기. 향후 주택 양도 시 취득가격이 낮아져서 양도세가 많이 나옴.

9장.

살 때는, 주택 취득세

01
취득세
- 23년부터 대대적으로 바뀌니 주의!

주식 같은 금융자산과 달리 부동산은 취득할 때부터 세금을 내야 합니다. 이것을 '취득세'라고 합니다. 부동산 세금 중 가장 먼저 만나게 되는 세금이기도 하죠. 그래서 이 취득세를 잘 알아야 절세를 잘 할 수 있습니다. 취득세는 주택, 상가, 토지 등 부동산 유형에 따라 다르고 매매, 증여, 상속, 원시취득 등 취득하는 원인에 따라서도 달라집니다.

취득세 납부기한

부동산을 취득한 날로부터 60일 이내에 관할구청에 신고·납부해야 합니다. 부동산을 취득한 날은 부동산을 취득하는 원인에 따라 달라집니다. 기간 내에 신고·납부하지 않으면 가산세가 발생합니다. 더 큰 문제는 등기를 접수할 수 없다는 것입니다. 취득세 납부영수증이 있어야 등기가 접수되니 등기를 접수하는 날에 납부를 완료하는 것이 좋습니다.

부동산 취득 원인별 취득 기준일

유상취득: 계약상 잔금지급일
증여취득: 증여 계약일
원시취득(건물 신축취득): 사용승인일, 임시사용승인일
상속취득: 상속개시일

취득세 과세표준

취득세의 과세표준은 23년에 취득하는 부동산부터 대대적으로 변경됩니다. 취득 원인에 따라 취득세 과세 방법과 대처 방법이 다르니 자세히 알아보겠습니다.

유상취득, 원시취득 '유상취득'은 일반적인 매매거래로 취득하는 것을 말합니다. '원시취득'은 기존에 있는 건물을 취득하는 것이 아니라 건물을 신축해 새로 취득하는 것을 의미합니다. 현재 법령상 유상취득, 원시취득의 과세표준은 납세자가 신고하는 금액과 시가표준액(공시가격) 중 큰 가액을 기준으로 합니다. 유상취득은 매매계약서에서 매매금액을 확인할 수 있으므로, 이 금액을 과세표준으로 신고하면 됩니다.

취득 유형	현행	2023년 이후
매매, 교환 등 유상취득	MAX (신고가액, 시가표준액)	사실상의 취득가격 (부당행위계산의 경우에는 시가인정액)

실제 부동산 시가는 공시가격보다 20~30%가량 높습니다. 타인과의 유상 거래에서는 공시가격보다 저가에 거래되는 경우가 거의 없으니 매매계약서 상의 금액이 과세표준이 됩니다. 하지만 가족 간 부동산 거래에서는 시가보다 낮죠. 이 경우에는 시가표준액보다 낮은 금액으로 거래하기도 합니다. 그래서 매매사례가액 10억, 공시가격 7억의 아파트를 6억에 거래했다면, 실제로 6억에 취득했더라도 취득세 과세표준은 공시가격 7억이 되는 것입니다.

23년부터는 사실상의 취득가격을 과세표준으로 합니다. 타인과의 거래에서는 달라지는 부분이 없습니다. 하지만 가족 간 부동산 거래 시에는 시가인정액으로 과세됩니다. 여기서 '시가인정액'이란 취득일 전 6개월부터 취득일 후 3개월 내의 기간에 발생한 유사매매사례가액, 감정가액, 공매가액을 의미합니다. 즉 실제 부동산 시가에 매우 근접한 가격을 과세표준으로 하겠다는 것입니다. 이렇게 되면 가족 간 거래 시 22년에 비해 과세표준이 더 인상됩니다. 위 사례에 적용하면 공시가격 7억이 아니라 시가 10억이 과세표준이 되는 거죠. 그러므로 가족 간 거래가 예정되어 있다면 22년 안에 하는 것이 취득세 측면에서 유리합니다.

법인취득 개인은 주택매매대금이 취득세 과세표준입니다. 하지만 법인은 주택매매대금뿐만 아니라 공인중개사에게 지급한 중개보수도 취득세 과세표준에 포함됩니다. 법인의 주택 취득세율까지 고려하면 법인으로 주택을 취득하는 것은 개인에 비해 매우 불리합니다.

무상취득(증여, 상속) 무상취득은 아무런 대가 없이 무상으로 취득하는 증여나 상속을 뜻합니다. 상속은 23년 이후에도 취득세 과세표준이 '공시가격'이며 변동이 없습니다. 하지만 증여는 23년 이후부터 과세표준이 시가인정액으로 변경됩니다. 예를 들어 시가 10억, 공시가격 6억의 주택을 증여한다면 22년 취득세 과세표준은 공시가격 6억이지만, 23년에는 시가인정액 10억이 되는 겁니다. 다만 공시가격 1억 이하의 주택은 공시가격으로 취득세를 납부할 수 있습니다. 공시가격 1억 이하의 주택을 제외한 나머지 주택이라면 22년 안에 증여하는 것이 취득세 측면에서 유리합니다.

취득 유형	현행	2023년 이후
증여에 의한 무상취득	시가표준액	시가인정액

02
취득세 세율
- 유상취득, 무상취득, 원시취득

취득세는 부동산 취득방식, 보유 주택수, 조정지역 여부에 따라 세율이 각각 다르게 적용됩니다. 특히 주택수에 따라 세율이 1%에서 최대 12%까지 달라지기 때문에 취득세를 절세하려면 주택수가 어떻게 계산되는지를 잘 알아야 합니다. 납세자들이 취득세와 양도세의 주택수 계산방식을 혼동해 낭패를 보는 경우가 종종 있습니다. 취득세는 양도세와 공통점도 있지만 차이점도 많기 때문에 양도세와 헷갈리지 않도록 주의해야 합니다. 양도세에서 보는 1세대, 주택수 계산 방법 등 기본개념이 잘 생각나지 않는다면 1장을 다시 한번 읽어보세요.

유상취득 - 취득세법상의 세대, 주택수, 취득세율

주택의 취득세율은 1세대의 보유 주택수에 따라 달라집니다. 개인별 주택수가 아니라 세대별 총주택수를 합산해 취득세율이 결정되기 때문에 현재 1세대 몇 주택인지를 파악하는 것이 가장 먼저 할 일입니다. 내가 몇 주택을 보유하고 있는지는 파악하기 비교적 쉽습니다. 하지만 가족까지 포함해 1세대 몇 주택인지를 정확히 파악하는 건 생각보다 까다로우니 잘 따라와 보세요. 먼저 취득세에서 보는 '세대'의 개념을 알아야 합니다.

취득세법상 세대는 주민등록법상 세대별 주민등록표에 함께 기재된 가족으로 구성된 세대를 말합니다. 여기서 가족이란 배우자, 직계존비속, 형제자매를 말합니다. 직계존비속의 배우자(사위, 며느리), 배우자의 직계존비속(시어머니, 장모), 배우자의 형제자매(처남, 매형)까지 포함됩니다. 이모, 고모 같은 친척은 주민등록표상 동일세대라도 동거인에 불과하므로 주택수를 합산하지 않습니다.

예를 들어 함께 거주하는 부모님이 2주택을 보유 중이라면 내가 최초로 주택을 취득하더라도 1세대3주택이라 취득세가 중과됩니다. 하지만 주택을 취득하기 전에 세대를 분리해 다른 곳에 전입신고를 한다면 1세대1주택이라 취득세가 중과되지 않습니다. 주택 취득 전에 가족과 세대분리를 하는 것이 유리합니다. 주택 취득 전에 세대분리하는 것까지는 문제없었는데, 주택 취득일 당일에 뭔가 일이 생겨 새로 취득한 주택에 전입신고를 하지 못했을 수 있습니다. 하루 차이로 전입신고를 늦게 해서 부모님 주택수와 합산되는 바람에 취득세가 중과된다면 너무 억울하겠죠? 이런 경우라도 주택을 취득한 날로부터 60일 이내에만 취득한 주택으로 전입신고를 하면 세대분리를 인정받을 수 있으니 걱정하지 않아도 됩니다.

여기서 주의해야 할 사항은 가족이 각자 다른 주소로 전입하더라도 배우자와 미혼인 30세 미만의 자녀는 동일세대에 해당된다는 것입니다. 미혼인 30세 미만의 자녀가 부모와 세대분리를 인정받으려면 소득이 있어야 하는데, 이때 소득은 다음 요건을 모두 충족해야 인정됩니다. 미성년자는 소득이 있더라도 무조건 부모와 동일세대입니다.

미혼인 30세 미만 자녀의 소득 인정 요건
1. 사업소득, 근로소득 등 국세청에 신고되는 소득(세금 신고되지 않는 소득, 주식&코인 투자소득, 양도소득 제외)
2. 주택 취득일로부터 과거 1년 동안 소득금액이 국민기초생활 보장법에 따른 중위소득의 40% 이상(약 850만 원)의 소득
3. 주택을 관리 유지하면서 독립된 생계를 유지할 수 있을 만한 소득

요약하자면 부모님의 생활비 지원 없이 나 홀로 독립해 살 수 있을 정도의 소득이 있어야 한다는 것입니다. 현실적으로 최소 월 200만 원 이상의 소득이 발생해야 세대분리에 문제가 없는 것으로 판단합니다. 이러한 소득이 있거나 30세 이상임에도 부모님을 모시고 살아야 해서 세대분리가 어렵거나, 세대분리를 했어도 다시 합가하는 경우도 있을 겁니다. 효도하기 위해 함께 거주 중인데 부모님의 주택수를 합산해 취득세를 중과하면 법이 너무 가혹하다고 느껴지겠죠? 그래서 취득일 현재 부모 중 어느 한 분이 65세 이상이라면 부모와 함께 거주 중이라도 부모와 자식을 각각 별도세대로 보아 주택수를 합산하지 않습니다.

 **주택의 유상취득세율**

	조정지역	비조정지역	공시가격 1억 이하
1주택	1~3%	1~3%	
2주택	8%(일시적 2주택 제외)	1~3%	
3주택	12%	8%	무조건 1%
4주택	12%	12%	
법인	12%		

오피스텔과 입주권, 분양권에는 주택 취득세율이 적용되지 않습니다. 오피스텔은 일반상가와 동일하게 취득세율이 4%이고, 입주권 또한 토지에 대한 취득세율 4%가 적용됩니다. 분양권은 취득 당시 취득세 자체가 부과되지 않습니다. 하지만 20년 8월 12일 취득세가 개정된 이후부터는 상황에 따라 주택수에 포함되기도 합니다. 주택수 계산에 착오가 없도록 다음 내용을 참고해서 잘 계산해야 합니다.

주택수를 계산할 때는 '주택을 취득하는 시점(잔금일)'의 주택수를 기준으로 합니다. 예외가 딱 한 가지 있습니다. 분양권으로 취득하는 주택은 잔금일이 아니라 '분양권 취득일'을 기준으로 합니다. 예를 들어 아파트 분양권 계약 당시 4주택을 보유 중이었다면 이후 모든 주택을 처분하고 무주택인 상태에서 분양아파트를 취득하더라도 분양계약 당시 4주택을 보유했으므로 4주택 보유에 대한 취득세가 적용되는 것입니다. 반대로 분양권 계약 당시 무주택이었다면 이후 다주택자가 되더라도 분양권 주택 등기 시 취득세가 중과되지 않습니다.

취득세 주택수에 포함되는 것

단독주택, 빌라, 아파트와 같은 일반적인 주택, 주택부속토지만 소유한 경우(토지만 소유해도 주택수에 포함), 주택분 재산세가 과세되는 주거용 오피스텔, 입주권, 분양권

취득세 주택수에 포함되지 않는 것

공시가격 1억 이하의 주택 및 재산세가 과세되는 주거용 오피스텔, 2020년 8월 12일 이전에 취득하는 입주권과 분양권, 20년 8월 12일 이전에 취득하거나 계약을 체결한 주거용 오피스텔, 오피스텔 분양권, 상속개시일로 5년 이내의 상속주택

1주택자 유상취득세율 1주택이라면 조정지역 비조정지역 상관없이 취득가액에 따라 취득세율이 달라집니다. 1주택자의 취득세율은 취득가액 6억 이하 1%, 9억 이상 3%로 고정입니다. 6~9억 사이는 (취득가액×2/3억-3)×1/100입니다. 쉽게 말해 6~9억 사이라면 취득가액이 올라갈수록 취득세율도 1%에서 3%까지 올라가는 구조입니다.

다주택자 유상취득세율 주택 투기를 막기 위해 2주택 이상을 취득할 때부터는 취득세율이 중과됩니다. 다만 예외적으로 다음과 같은 주택에는 취득세가 중과되지 않습니다.

1. 일시적 2주택

투기 목적이 아니라 이사를 위해 일시적으로 2주택을 보유하게 되었는데, 이때마저 취득세를 중과한다면 이사 가기가 쉽지 않겠죠? 일시적 2주택이라도 종전주택을 다음 기한 내에 처분하면 신규주택 취득세를 중과하지 않습니다.

① 신규주택과 종전주택 모두 조정지역이라면 신규주택 취득 후 2년 이내에 종전주택을 처분
② 신규주택은 조정지역, 종전주택은 비조정지역이라면 신규주택 취득 후 3년 이내에 종전주택을 처분

일시적 2주택 처분기한 내에 종전주택을 처분한다는 조건하에 신규주택의 취득세를 1~3%로 적용받을 수 있습니다. 하지만 이후 처분기한 내에 종전주택을 처분하지 못하면 8%가 적용된 취득세를 다시 납부해야 하고, 과소납부가산세와 납부불성실가산세까지 추가됩니다. 그러므로 만약 신규주택 취득 후 종전주택을 기한 내에 처분할 수 없는 개인적인 사유가 있다면 처음부터 8%의 취득세를 납부하는 것이 좋습니다. 적어도 가산세는 피할 수 있으니까요.

다만 예외적으로 신규주택을 입주권 또는 분양권으로 취득한 경우라면 신규주택을 먼저 처분해도 취득세가 중과되지 않습니다. 종전주택+분양권 취득 → 종전주택+분양권 아파트 완공 → 2년 또는 3년 이내에 종전주택과

분양권 아파트 둘 중 아무것이나 처분해도 취득세가 중과되지 않습니다.

2. 공시가격 1억 이하인 주택

공시가격 1억 이하의 주택은 무주택자, 다주택자, 법인 모두 취득세율이 1%입니다. 특히 법인은 공시가격 1억 이하 주택을 뺀 나머지는 무조건 취득세율 12%입니다. 또 주택수 계산 시 주택수에도 포함되지 않아 공시가격 1억 이하 주택을 여러 군데 취득하고 조정지역 아파트를 취득해도 취득세가 중과되지 않습니다. 이런 취득세의 특성 때문에 공시가격 1억 이하의 주택은 다주택자와 법인에게 인기가 많습니다.

3. 20년 7월 10일 이전에 분양계약을 체결한 주택

20년 7월 10일 이전에는 주택 취득세의 최고세율이 4%에 불과했습니다. 분양계약 당시에는 취득세 세율이 최대 12%까지 올라갈 것이라고 예상하지 못했을 겁니다. 그래서 취득세법이 개정되기 전에 이미 계약을 체결한 주택에 대해서는 이전 취득세법을 적용해 보유 주택수에 상관없이 취득세를 중과하지 않습니다. 예를 들어 다주택자가 19년 말에 분양계약을 했고, 22년에 주택을 등기해도 취득세는 최대 4% 내에서만 과세됩니다.

4. 1세대1주택자가 조정대상지역 지정 전에 매매계약한 주택

1세대1주택 보유 중에 비조정지역 주택을 추가로 취득하면 취득세가 중과되지 않습니다. 그래서 비조정지역 주택을 매매계약했는데, 잔금일 전에 갑자기 조정대상지역으로 지정되었다면 어떨까요? 이런 경우에도 취득세를 중과한다면 너무 억울할 겁니다. 그래서 비조정지역일 때 계약했다면 이후 잔금일에 조정대상지역으로 변경되어도 비조정지역에서 취득한 것으로 보아 취득세가 중과되지 않습니다.

무상취득 - 증여

유상취득과 달리 무상취득은 원칙적으로 주택을 취득하는 사람의 보유 주택수에 따라 취득세가 중과되지 않습니다. 취득세율은 상속 2.8%, 증여 3.5%입니다. 다만 조정지역 내 주택으로서 과세표준 3억 이상의 주택을 증여하는 경우 취득세율은 12%로 중과됩니다. 이 말은 과세표준이 2.9억이라면 3억이 되기 전에 빨리 증여받는 것이 매우 유리하다는 뜻입니다.

다주택자 증여야 그렇다고 해도 1세대1주택자 증여에도 12%의 세율로 중과하는 건 너무 과하죠? 그래서 예외적으로 1세대1주택자가 소유한 주택은 조정지역 내 공시가격 3억 이상이라도 배우자 또는 직계존비속에게 증여하는 경우 취득세가 중과되지 않습니다. 1세대1주택자의 주택이라도 배우자나 직계존비속이 아닌 가족인 동생이나 사위, 며느리에게 증여 시 취득세가 중과되니 증여하지 않는 것이 좋습니다. 여기서 1세대1주택자란 증여자 기준입니다. 부모가 보유한 1세대1주택을 다주택자인 자녀에게 증여해도 취득세는 중과되지 않습니다. 반대로 2주택을 보유한 부모님이 1세대 무주택자인 자녀에게 증여하면 취득세는 중과됩니다.

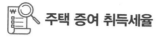 **주택 증여 취득세율**

증여가액(과세표준)	비조정대상지역	조정대상지역
3억 원 미만	3.5%	3.5%
3억 원 이상		12%

원시취득 - 분양권과 조합원 입주권 차이에 주의!

원시취득은 주택을 신축해 취득하는 것이므로 등기부상 건물의 최초 취득자가 원시취득자가 되어 원시취득세율을 적용받습니다. 원시취득의 세율은 2.8%입니다. 그럼 분양권과 조합원 입주권으로 취득하는 주택은 새로 신축한 주택을 취득하는 것이니 원시취득일까요? 여기서 분양권과 조합원 입주권의 큰 차이점이 있습니다.

분양권은 건설사업 주체가 건설사입니다. 그러므로 원시취득으로 등기하는 건물의 최초 소유자는 분양자가 아니라 건설사입니다. 즉 분양권 당첨자는 새로 신축한 주택을 건설사에게 유상으로 취득하는 것이죠. 그래서 원시취득이 아니라 시공사로부터 승계하는 유상취득에 해당됩니다. 하지만 조합원 입주권은 건설사업의 주체가 시공사가 아니라 조합원입니다. 그래서 원시취득자 역시 조합원입니다.

요약하자면 분양권으로 취득하는 주택은 일반주택과 동일하게 유상취득세율이 적용됩니다. 하지만 조합원 입주권으로 취득하는 주택은 원시취득이므로 주택수에 상관없이 무조건 2.8%의 원시취득세율이 적용됩니다. 다주택자라도 입주권으로 취득하는 주택의 취득세율은 2.8%이므로, 다주택자들이 취득세 중과세율을 피할 수 있는 가장 좋은 선택지가 바로 조합원 입주권인 것입니다.

03
특이한 취득세 적용사례
- 부담부증여, 부동산 교환

취득세는 과세표준에 취득세율만 적용하면 되기 때문에 납세자가 직접 계산하기 가장 쉬운 세금입니다. 그런데 부담부증여와 부동산 교환은 계산방식이 조금 복잡합니다. 특히 부담부증여는 취득세 계산 시 고려해야 할 변수가 가장 많습니다. 따라서 위 2가지 방식으로 주택을 취득할 계획이라면 등기 전에 관할지자체 세무과에 취득세가 어떻게 계산되는지 문의해 보길 권합니다.

부담부증여

취득세 계산 시 가장 어려운 사례입니다. 실무에서도 예상했던 계산과 다르게 부과되는 경우가 종종 있습니다. 증여 전 관할구청 세무과에 방문해 취득세를 미리 확인해 보는 것이 가장 정확합니다. 부담부증여는 유상취득

과 무상취득 2가지로 구분됩니다. 부채승계는 유상취득세율이, 그 외 증여
는 무상취득세율이 적용됩니다. 만약 부채승계금액이 공시가격보다 크다면
부채승계금액에 대한 유상취득세율만 적용됩니다.

설명이 좀 어렵죠? 예를 들어 보겠습니다. 전세보증금 6억, 공시가격 5
억의 아파트를 부담부증여 받으면 취득세는 6억 주택을 유상취득한 것과 같
습니다. 하지만 전세보증금 6억, 공시가격 9억의 아파트를 부담부증여 받으
면 취득세는 유상취득과 무상취득으로 나누어 다음과 같이 계산됩니다.

유상취득세: 전세 6억 × 유상취득세율

여기서 특이한 점이 있습니다. 전세보증금이 6억이므로 수증자가 무주택
자일 경우 1%의 취득세율이 부과될 것 같지만, 공시가격이 9억이라서 취득
세율은 3%로 결정된다는 것입니다. 부담부증여 시 부채금액이 6억 이하라
도 공시가격이 9억이라면 공시가격을 기준으로 3%의 취득세율이 적용됩니
다. 수증자가 다주택자라면 다주택자 세율이 적용됩니다.

무상취득세: (공시가격 9억 − 전세보증금 6억) × 증여취득세율

유상취득세와 무상취득세를 합한 금액이 부담부증여 취득세가 됩니다. 여기까지만 해도 복잡한데, 여기서 한 가지 변수를 더 고려해야 합니다. 부담부증여는 수증자의 소득 유무에 따라 취득세가 다르게 적용됩니다. 수증자의 소득이 없다면 부담부증여를 인정해 주지 않고, 공시가격 전체인 9억에 대한 증여 취득세가 나옵니다.

예를 들어 소득이 없는 미성년자 증여로 전세보증금 6억, 공시가격 5억의 주택을 부담부증여하면 취득세는 '전세보증금 6억×유상취득세율'이 아니라 '공시가격 5억×증여취득세율'로 나옵니다. 따라서 부담부증여 시 소득금액증명원이나 근로소득원천징수 영수증 등으로 수증자의 소득을 입증하지 못하면 일반증여와 동일하게 증여 취득세가 나오게 되는 것입니다.

부동산 교환

시가 10억 주택과 5억 주택을 교환했다고 가정해 보겠습니다. 일반적인 상황에서는 주택의 시가가 차이 나는 만큼 현금을 추가로 지급할 것입니다. '10억 주택 = 5억 주택 + 5억 현금'으로 거래되겠죠? 이 경우 취득세 과세표준은 당연히 취득하는 주택의 시가가 되어 10억 주택을 취득하는 사람은 10억에 대해 취득세를 내고, 5억 주택을 취득하는 사람은 5억에 대해 취득세를 냅니다.

하지만 가족 간에 추가 현금을 정산하지 않고 10억 주택과 5억 주택을 교환하면 취득세 과표는 달라집니다. 시가 10억 주택을 취득하는 사람의 취득세 과세표준이 10억인 것은 당연합니다. 문제는 5억 주택을 취득하는 사람의 취득세 과세표준은 5억이 아니라는 겁니다. 시가 10억 주택을 주고, 5억 주택을 취득했으므로 10억을 주고 이 주택을 취득한 것이나 다름없습니다. 그러므로 5억 주택을 취득하는 사람의 취득세 과표는 '교환으로 받는 부동산 5억과 교환으로 주는 부동산 10억' 중 큰 금액인 10억이 되는 것입니다.

> 부동산 교환 시 과세표준: MAX(교환으로 받는 부동산시가, 교환으로 주는 부동산시가) – 현금정산 금액

04
취득세 감면
- 생애최초라면 화끈하게 쏜다!

취득세는 감면받을 방법이 많지 않습니다. 취득세 감면 대상인 주택을 취득하더라도 자동으로 감면해 주는 게 아니라 따로 신청해야 합니다. 취득세 감면대상 주택 여부를 잘 확인하고, 해당된다면 국세청 홈택스 홈페이지를 통해 잊지 말고 신청하기를 바랍니다.

1. 생애최초 주택 취득

생애최초로 주택을 취득하면 취득세를 감면받을 수 있습니다. 기존에는 연소득과 주택가격에 따라 요건을 충족하는 경우에만 취득세를 감면해 주었습니다. 그러다가 22년 6월 21일에 취득세법이 개정되면서 연소득, 주택가격 제한 없이 누구나 200만 원 한도 내에서 취득세를 감면받을 수 있게 되었습니다.

2. 구청에 등록한 임대주택

주택임대사업자가 주택 또는 오피스텔을 최초로 분양받은 경우 민간임대주택에 관한 특별법에 따라 구청에 10년간 장기임대주택으로 등록하면 취득세를 감면받을 수 있습니다. 분양이 아닌 기존 아파트나 오피스텔 취득 시에는 감면대상에서 제외됩니다. 취득 당시 가액이 3억 원(수도권은 6억 원)을 초과하는 경우에도 제외됩니다. 임대주택의 전용면적에 따라 취득세 감면은 다르게 적용되니 참고하세요.

전용면적 60㎡ 이하: 취득세의 85%, 단 취득세 200만 원 이하 시 전액 감면
전용면적 60㎡ 초과~85㎡ 이하: 취득세의 50%, 단 임대주택이 20호 이상일 경우에만 감면 가능
전용면적 85㎡ 초과: 감면 불가능

실전 케이스 스터디

Q. 부동산을 증여받고 취득세 납부 후 등기까지 완료했습니다. 이후 증여세를 내려고 하니 생각보다 증여세가 많이 나와서 증여를 취소하고 증여등기 말소를 하려고 합니다. 증여를 취소했으니 이미 납부한 취득세를 다시 돌려받을 수 있을까요?

A. 일단 부동산 등기가 완료되면 납세의무가 성립됩니다. 이후에 부동산 등기를 취소하더라도 이미 납세의무가 성립된 취득세는 납부해야 합니다. 부동산 증여등기를 했다가 얼마 후에 등기를 말소했다면 실제로 증여받은 재산이 없으니 증여세는 발생하지 않습니다. 하지만 이미 증여등기를 했으므로 증여등기에 대한 취득세는 납부해야 하는 거죠. 매매의 경우도 마찬가지입니다. 잔금을 완납하기 전에 먼저 소유권이전등기를 했는데 이후 매수자가 잔금을 지급하지 않아 매매계약이 해제되었습니다. 이 경우에도 등기는 했으므로 이미 납

부한 취득세는 돌려받을 수 없습니다. 단, 취득세는 먼저 납부했지만 아직 등기 접수 전이라면 취득세를 다시 돌려받을 수 있습니다. 취득일로부터 60일 이내에 계약해제신고서 등으로 계약이 해제된 사실을 입증하면 됩니다. 부동산 등기가 한 번 완료되면 이후 어떠한 원인으로 등기를 취소하더라도 취득세는 납부해야 하니 등기 전에 꼭 확인하기 바랍니다.

주민등록표상에서는 동일주소에 거주하고 있지만, 부모님과 다른 주소에서 독립해 생활하고 있습니다. 생애 첫 주택을 취득했는데 세대별 주택수 합산이 된다는 사실을 몰랐습니다. 구청에서는 주민등록표상 부모님과 동일세대이므로 부모님 주택수가 합산되어 취득세가 중과된다고 합니다. 실제로 부모님과 따로 떨어져서 생활하고 있는다는 사실을 입증하면 취득세 중과를 피할 수 있을까요?

양도세에서는 주민등록표상 동일세대라도 실제로 주거를 달리하고 있다는 사실을 입증하면 별도세대로 인정받을 수 있습니다. 하지만 취득세는 그렇지 않습니다. 실제로 부모님과 별도세대라도 주민등록표상 동일세대면 부모님 주택수가 합산되어 취득세가 과세됩니다. 안타깝게도 이 경우라면 실제로 별도세대임을 입증해도 취득세 중과는 피할 수 없습니다. 양도세는 서류보다 실질을 중시하는 반면, 취득세는 실질보다 서류를 중시하는 경향이 있습니다.

Q. 취득세에 대해 문의하고 싶은 내용이 있습니다. 관할세무서에 문의하면 될까요?

A. 취득세는 지방세입니다. 양도세, 종부세 같은 국세는 세무서에서 담당하지만, 취득세 같은 지방세는 '구청 세무과'에서 담당합니다. 그러므로 취득세 문의는 구청 세무과에 해야 합니다. 구청의 관할지역은 부동산 소재지에 따라 달라집니다. 서울 강남구에 있는 부동산을 취득한다면 강남구청 세무과에서, 대구 수성구에 위치한 부동산을 취득한다면 수성구청 세무과에서 담당합니다. 취득세는 세금이니 세무사의 업무영역이지만, 등기 시 납부하는 세금이므로 법무사의 주업무 영역이기도 합니다. 셀프등기가 아니라면 어차피 등기 시 법무사 사무실을 방문해야 하므로 그때 법무사에게 문의해도 됩니다.

Q. 아파트와 주거용 오피스텔을 취득하려고 계획 중입니다. 어떤 순서로 취득해야 취득세를 더 적게 낼 수 있을까요?

A. 아파트를 먼저 취득하는 것이 유리합니다. 아파트를 먼저 취득하면 아파트 취득 시 1~3% 세율, 오피스텔 취득 시 4% 세율이 적용됩니다. 반면 오피스텔을 먼저 취득하면 오피스텔 취득 시 4% 세율, 아파트 취득 시 8% 세율이 적용됩니다. 주거용 오피스텔은 보유 주택수와 상관없이 취득세율이 4%로 동일하니 다른 주택을 먼저 취득하고 나중에 취득할수록 유리합니다.

부모님과 별도세대입니다. 결혼해서 남편과 함께 살고 있으며 부모님은 1세대2주택, 저희는 무주택입니다. 공시가격 10억, 전세보증금 6억의 조정대상지역 아파트를 부모님에게 부담부증여 받으려고 합니다. 이 경우 취득세는 어떻게 나오게 되나요?

부담부증여 시 증여받는 사람에게 소득이 없으면 채무승계를 인정받지 못하고 무상취득세만 적용됩니다. 조정대상지역이면서 공시가격이 3억 이상이므로 증여취득세가 중과되어 10억×12%=1.2억입니다. 하지만 결혼했다면 배우자의 소득까지 나의 소득으로 인정받을 수 있습니다. 즉 배우자인 남편이 소득이 있다면 채무승계를 인정받아 취득세는 유상취득세=6억×3%=1,800만 원, 무상취득세=4억×12%=4,800만 원, 총 6,400만 원이 될 겁니다.

Q. A 분양권은 20년 5월 취득, B 주거용 오피스텔은 19년 취득, C 주택은 21년 3월 취득(취득 당시 공시가격 9천만 원, 현재 공시가격 1.1억)했습니다. 이번에 D 주택을 취득하려고 하는데, 조정지역이고 가격은 10억 정도입니다. 취득세가 얼마나 나올까요?

A. 20년 8월 12일 이전에 취득한 분양권, 주거용 오피스텔은 주택수에 포함되지 않습니다. 공시가격 1억 이하의 주택 또한 주택수에 포함되지 않습니다. 다만 여기서 공시가격 1억의 기준은 C 주택의 취득 시점이 아니라 D 주택의 취득 시점입니다. C 주택은 취득 당시 공시가격 1억 이하였으나 D 주택 취득일에는 공시가격이 1억을 초과했으므로 주택수에 해당됩니다. 즉 1세대2주택이므로 취득세율은 8%입니다.

Q. 오피스텔 1채를 보유 중입니다. 업무용 재산세를 납부하고는 있는데, 실제로는 세입자가 전입신고도 했고 주거용으로 사용하고 있습니다. 추가로 조정지역 주택을 1채 취득하려고 하는데, 보유 중인 오피스텔이 주택에 해당되어 취득세가 중과될까요?

A. 지방세법 제13조의3에서 주택분 재산세가 과세되는 오피스텔은 주택수에 가산한다고 나와 있습니다. 그러므로 실제 사용용도는 주거용 오피스텔이라도 주택분 재산세가 아닌 업무시설분 재산세를 납부하고 있다면 주택수에 포함되지 않아 취득세가 중과되지 않습니다. 오피스텔은 공부상 용도가 주택이 아니므로 업무시설분 재산세가 부과되는 것이 원칙이며, 주택분 재산세가 부과되려면 납세자가 개별적으로 신청해야 합니다. 업무시설분 재산세가 주택분 재산세보다 세금이 더 많습니다. 그러니 구청으로서는 실제로 오피스텔이 어떤 용도로 사용 중인지 실사 조사할 이유가 전혀 없습니다. 정리하면 납세자가 세금을 더 적게 내기 위해 주택분 재산세 부과를 신청하지 않는 이상, 실제 사용용도가 주거용이라도 오피스텔은 주택수에 포함되지 않습니다.

Q.

다주택자인 부모님에게 조정대상지역에 있는 공시가격 6억의 주거용 오피스텔을 증여받으려고 합니다. 오피스텔은 주택분 재산세를 납부하고 있습니다. 이 경우 증여 취득세가 중과되어 12%의 세율이 적용되나요?

A.

주택분 재산세를 납부하는 오피스텔은 취득세 계산 시 주택수에 포함되지만 주택에 해당되지는 않습니다.

Q.

2주택 보유 중에 조정지역 분양권을 21년에 계약했습니다. 현재는 보유 중인 2주택을 모두 처분했는데, 분양권은 잔금일이 아닌 계약 시점을 기준으로 취득세가 나온다는 사실을 뒤늦게 알게 됐습니다. 취득세율 12%라는 세금폭탄을 맞게 생겼습니다. 그런데 최근 분양권 지역이 조정지역에서 해제되었습니다. 그래도 취득세는 12%인가요?

A.

분양권으로 주택 취득 시 주택수 산정은 분양권 계약 시점을 기준으로 합니다. 하지만 조정지역, 비조정지역의 구분은 분양권 잔금일 기준입니다. 따라서 3주택을 비조정지역으로 취득한 것이므로 취득세율은 12%가 아니라 8%가 적용될 것입니다.

10장

자금조달계획서, 세무조사의 전령 맞이하기

01
자금조달계획서가 무서워?
제출 없이
주택을 취득하는 방법

"자금조달계획서 때문에 주택 취득하기가 무서워요. 주택 하나 잘못 취득하는 순간 온 가족을 대상으로 세무조사가 나온다는데 사실인가요? 주택을 취득하면 자금출처조사 나올 확률이 얼마나 될까요?"

작년에 가장 많이 받은 질문 중 하나입니다. 자금조달계획서라는 제도가 생기기 전에는 주택을 어떻게 취득하든 정부에서 크게 문제 삼지 않았습니다. 미성년자의 주택 취득이나 고가주택 취득처럼 특수한 경우가 아니면 자금출처조사는 거의 하지 않았죠. 주택을 취득하는 사람들을 하나하나 다 조사하기에는 국세청 인력이 부족했기 때문입니다. 하지만 최근에는 상황이 많이 달라졌습니다. 주택을 취득하려면 누구나 의무적으로 어떻게 자금을 마련했는지 자금조달계획서와 증빙자료를 제출해야 합니다.

국세청에 신고된 소득으로만 주택을 취득한다면 자금조달계획서 걱정이 필요 없습니다. 사실 그대로 제출하면 되니까요. 하지만 대부분은 증여세 신고 없이 가족이나 부모의 도움을 받아서 주택을 취득합니다. 도움받은 모든 자금에 대해 증여세 신고를 하자니 세금이 너무 많아서 문제가 되지요. 그래서 증여세를 피하려고 차용증을 작성하는 방식으로 주택을 취득하는 경우가 많습니다. 이런 경우에는 자금조달계획서 작성 및 준비과정이 매우 중요합니다.

이 자금조달계획서를 구청이나 한국부동산원에서 일차적으로 검토한 후 탈세혐의가 있다고 판단되면 국세청으로 통보합니다. 국세청으로서는 자금조달계획서에 문제가 있다고 통보받은 사람만 조사하면 되니까 인력과 시간을 아낄 수 있습니다. 아무 생각 없이 자금조달계획서를 작성하면 이런 과정을 거쳐 국세청의 자금출처조사를 받게 됩니다.

주변에서도 주택 취득 자금출처에 문제가 생겨서 세무조사를 받았다거나 대출이 회수되었다는 이야기를 심심찮게 들었을 겁니다. 실제로 30대 직장인인 고객이 본인이 착실히 모은 근로소득으로 평범한 아파트를 취득했는데, 자금출처조사가 나왔다고 억울해하면서 상담하러 온 사례가 있었습니다. 예전 같으면 아무 일 없이 그냥 넘어갈 상황인데도 국세청에서 자금출처를 문제 삼고 있습니다. 그래서 이제는 주택 취득 시 가장 먼저 검토해야 할 것이 바로 주택취득자금 마련과 자금조달계획서 작성입니다. 자금출처조사의 첫 번째 관문이 자금조달계획서라고 해도 과언이 아닙니다. 이 말은 자금조달계획서를 문제없이 작성하면 세무조사를 피할 수 있다는 뜻이기도 합니다.

자금조달계획서 제출 대상

투기과열지구 또는 조정대상지역일 경우 모든 주택, 그 외 지역은 거래가격 6억 원 이상의 주택 취득 시 계약일로부터 30일 이내에 실거래신고와 함께 자금조달계획서를 제출해야 합니다. 특히, 투기과열지구는 자금조달계획서에 따른 증빙자료까지 제출해야 합니다. 투기과열지구는 자금조달계획서의 내용과 증빙자료가 일치해야 하므로 작성하기가 어려운 편입니다. 투기과열 외 지역은 자금조달계획서만 제출하면 되고, 그에 따른 증빙자료는 제출하지 않아도 되니 비교적 쉽습니다. 자금조달계획서와 증빙자료 제출 대상인데도 제출하지 않으면 500만 원의 과태료가 부과되고, 실거래신고필증 미발급으로 소유권이전등기가 불가능합니다.

구분	제출 대상
투기과열지구·조정대상지역	거래가격과 관계없이 모든 주택거래
비규제지역 (투기과열지구·조정대상지역 외)	거래가격 6억 원 이상의 주택거래
법인(매수) 주택거래	지역·거래가격 관계없이 모든 주택거래

자금조달계획서 제출 없이 조정지역 주택을 취득하는 방법 - 오피스텔, 경매, 분양

자금조달계획서는 오직 '주택'을 취득할 때만 제출합니다. 상가를 취득할 때는 투기과열지구라도 제출할 의무가 없습니다. 그래서 자금출처조사가 불안하다면 오피스텔을 취득하는 것도 방법이 됩니다. 오피스텔은 건축법상 주택이 아닌 업무시설로 분류되니까요. 주거용 오피스텔도 마찬가지입니다. 경매로 주택을 취득할 때도 제출하지 않습니다. 주택 매매계약을 체결하면 계약일로부터 30일 이내에 부동산 실거래신고를 해야 합니다. 이때 자금조달계획서도 같이 제출해야 하는데 경매는 법률에 의한 처분행위이므로 실거래신고 의무가 없습니다. 따라서 경매로 아파트를 취득한다면 자금조달계획서를 제출하지 않아도 됩니다. 단독주택이나 신축빌라를 최초로 분양받는 경우도 마찬가지입니다. 한 필지 내 단독주택 30호, 공동주택 30세대 미만의 주택을 분양으로 취득할 때는 실거래신고 없이 검인 신고만으로 가능합니다.

02
자금조달계획서
요령 있게 작성하기

자금조달계획서는 말 그대로 '계획서'입니다. 잔금일 이후가 아니라 계약일로부터 30일 이내에 제출해야 하므로 중도금과 잔금은 아직 조달하기 전인 거죠. 그래서 나중에 실제로 자금을 조달한 내용과 달라질 수도 있고, 자금조달계획서 내용과 실제 자금조달 내용이 달라져도 불이익을 받지는 않습니다. 다만 자금조달계획서를 한번 제출하면 다시 수정할 수 없다는 건 알아두세요. 다시 제출하려면 실거래신고를 취소하고 재신고해야 하므로 상당히 번거롭습니다. 제출 전에 잘못된 부분이 없는지 최종적으로 잘 확인해야 합니다.

자금조달계획서는 주택취득자금에 대해서만 작성합니다. 취득세, 중개수수료 등 주택취득 시 발생하는 부대비용에 대해서는 제출하지 않아도 됩니다. 작성 방법은 생각보다 간단합니다. 양식에 나와 있는 항목대로 자금을

273

조달한 내용을 적으면 되니까요. 계약일을 기준으로 자금 보유 형태에 따라 자금조달계획서 해당 항목에 기재합니다. 예를 들어 예금 3억, 증여 2억, 담보대출 3억으로 자금을 조달한다면 각각 ② 금융기관 예금액 3억, ④ 증여&상속 2억, ⑧ 주택담보대출 3억으로 기재하면 됩니다.

자금출처가 복잡할 때 작성 방법 - 금융기관 예금액

만약 자금출처 중 설명하기 복잡한 사연이 있다면 금융기관 예금액으로 적는 것이 가장 좋습니다. 금융기관 예금액은 자금출처를 따지지 않고 계약일 현재 예금액으로 보유하고 있는 자금 전부를 금융기관 예금액란에 기재할 수 있습니다. 계약일 현재 예금액 5억의 출처가 6개월 전에 부동산을 처분한 금액이라면 '② 금융기관 예금액'에 5억으로 적어도 되고, '⑥ 부동산 처분대금 등'에 5억으로 기재해도 됩니다. 둘 다 가능합니다. 어느 방법이 더 유리한지는 예금액의 자금출처에 따라 달라질 것입니다.

부동산 처분대금이나 증여세를 신고·납부하고 받은 자금처럼 자금출처에 전혀 문제가 없다면 금융기관 예금액에 적는 것보다 자금출처를 밝혀서 적는 것이 더 유리합니다. 반면 가족에게 차용한 금액은 '⑪ 그 밖의 차입금'에 적는 것보다는 '② 금융기관 예금액'에 적는 것이 더 유리할 수 있습니다. 그 밖의 차입금란에 적으면 실제로는 증여인데, 증여세를 피하기 위한 거짓 차용으로 보고 향후 소명하라고 할 확률이 높기 때문입니다. 물론 금융기관 예금액에 적더라도 차용증은 반드시 작성하고 별도로 보관하고 있어야 합니다. 혹시 향후 소명이 필요하다면 제출해야 하니까요.

부동산거래관리시스템(rtms.molit.go.kr)에
서도 신청할 수 있습니다.

주택취득자금 조달 및 입주계획서

※ 색상이 어두운 난은 신청인이 적지 않으며, [ ]에는 해당되는 곳에 √표시를 합니다.

(앞쪽)

접수번호		접수일시		처리기간	
제출인 (매수인)	성명(법인명)			주민등록번호(법인 · 외국인등록번호)	
	주소(법인소재지)			(휴대)전화번호	

① 자금 조달계획	자기 자금	② 금융기관 예금액 원		③ 주식 · 채권 매각대금 원	
		④ 증여 · 상속 원		⑤ 현금 등 그 밖의 자금 원	
		[ ] 부부 [ ] 직계존비속(관계:) [ ] 그 밖의 관계( )		[ ] 보유 현금 [ ] 그 밖의 자산(종류:)	
		⑥ 부동산 처분대금 등 원		⑦ 소계 원	
	차입금 등	⑧ 금융기관 대출액 합계 원	주택담보대출		원
			신용대출		원
			그 밖의 대출 (대출 종류:)		원
		기존 주택 보유 여부 (주택담보대출이 있는 경우만 기재) [ ] 미보유 [ ] 보유 (건)			
		⑨ 임대보증금 원		⑩ 회사지원금 · 사채 원	
		⑪ 그 밖의 차입금 원		⑫ 소계	
		[ ] 부부 [ ] 직계존비속(관계:) [ ] 그 밖의 관계( )			원
	⑬ 합계				원

⑭ 조달자금 지급방식	총 거래금액		원
	⑮ 계좌이체 금액		원
	⑯ 보증금 · 대출 승계 금액		원
	⑰ 현금 및 그 밖의 지급방식 금액		원
	지급 사유 (		)

⑱ 입주 계획	[ ] 본인입주 [ ] 본인 외 가족입주 (입주 예정 시기: 년 월)	[ ] 임대 (전 · 월세)	[ ] 그 밖의 경우 (재건축 등)

「부동산 거래신고 등에 관한 법률 시행령」 제3조제1항, 같은 법 시행규칙 제2조제5항부터 제8항까지의 규정에 따라 위와 같이 주택취득자금 조달 및 입주계획서를 제출합니다.

년 월 일

제출인

(서명 또는 인)

시장 · 군수 · 구청장 귀하

공동명의 취득 시 자금조달계획서 작성 방법

부부 공동명의로 주택을 취득한다면 자금조달계획서를 각각 작성해야 합니다. 10억의 주택을 5:5 공동명의로 취득한다면 각자 5억에 대해 자금조달계획서를 작성해야 하는 것입니다. 주택담보대출이나 승계하는 전세보증금이 있다면 지분율대로 나눠 금액을 기재합니다.

단, 분양으로 주택을 취득한다면 부부 공동명의로 하더라도 분양 당첨자만 자금조달계획서를 제출합니다. 자금조달계획서는 분양 계약일에 제출하는데, 분양 계약일에는 공동명의로 계약할 수 없습니다. 당첨자 본인 단독명의로 계약하고 자금조달계획서를 제출합니다. 그 이후 분양권 지분증여를 통해 공동명의로 변경하는 거죠. 증여할 때는 실거래신고를 하지 않기 때문에 자금조달계획서를 제출하지 않습니다. 소유권등기를 할 때 공동명의로 각자 제출하지도 않습니다. 자금조달계획서는 오직 실거래신고 시 딱 한 번만 제출하는 것입니다. 만약 배우자와 공동명의로 할 계획이라면 배우자가 조달할 금액은 '④ 증여·상속'에 배우자 증여로 기재하면 됩니다.

분양계약 시 자금조달계획서 작성 방법

분양은 자금조달계획서 작성 방법이 조금 다릅니다. 분양의 경우 계약일과 잔금일 사이의 기간이 2~3년 사이로 긴 편입니다. 그동안 번 소득으로 취득자금을 마련할 수도 있는 거죠. 그래서 이런 경우 '⑤ 현금 등 그 밖의 자금 − 그 밖의 자산'에 체크하고 '미래자산'이라고 기재하면 됩니다. 이때 무심코라도 '보유 현금'에 체크하는 건 피하세요. 여기서 말하는 보유 현금은 예금이 아니라 실물지폐를 의미합니다. 현금은 탈세 수단이라는 선입견이 있어서 괜한 의심을 살 수 있습니다. 만약 정말로 실물지폐를 가지고 있다면 예금으로 입금한 후에 '② 금융기관 예금액 등'으로 적는 것이 좋습니다.

중도금 대출도 분양의 특징입니다. 중도금 대출은 '⑧ 금융기관 대출액 합계 – 그 밖의 대출'에서 '중도금 대출'이라고 기재하면 됩니다.

분양은 분양대금 전체가 아니라 계약금만 있어도 취득할 수 있습니다. 중도금은 중도금 대출로, 잔금은 전세계약을 체결해 전세보증금으로 중도금 대출상환과 잔금을 납입하면 되기 때문입니다. 실거주하지 않고 전세를 놓을 계획이라면 '⑨ 임대보증금'에 계약금을 제외한 금액을 적고 '⑱ 입주계획'에서 '임대'에 체크합니다.

03
증빙서류 꼼꼼히 준비하기

서울 같은 투기과열지구는 자금조달계획서뿐만 아니라 증빙자료까지 제출해야 합니다. 이런 과정 때문에 자금조달계획서가 축소판 세무조사가 아니냐는 불만도 있습니다. 그도 그럴 것이 자금조달계획서에 기재한 금액과 증빙자료가 일치해야 하기 때문입니다.

가장 흔하게 필요한 증빙자료는 예금잔액증명서입니다. 예금잔액증명서는 자금조달계획서에 기재한 금액과 정확히 일치하지 않아도 됩니다. 오히려 금액이 더 많은 것이 정상입니다. 내가 보유 중인 예금액에는 주택취득자금뿐만 아니라 생활비나 기타 비용도 들어 있기 때문입니다. 참고로 예금잔액증명서 발급 당일에는 계좌이체가 정지됩니다. 그러니 계약일 전에 미리 발급받는 것이 좋습니다. 만약 예금잔액증명서를 발급받기 전에 이미 계약금을 이체했다면 계약금 이체영수증으로 증빙서류를 대신할 수 있습니다.

자금조달 증빙 제출 서류

항목별		제출서류
본인 자금	금융기관 예금액	잔고증명서, 예금잔액증명서 등
	주식 및 채권 매각 금액	주식거래내역서, 잔고증명서 등
	상속 및 증여	상속 및 증여세 신고서, 납세증명서 등
	현금 등 기타	소득금액증명원, 근로소득원천징수 영수증 등 소득 증빙서류
	부동산 처분 대금	부동산 매매계약서, 부동산 임대차계약서 등
타인 자금	금융기관 대출액	금융거래확인서, 부채증명서, 금융기관 대출신청서 등
	임대보증금 등	부동산 임대차계약서
	회사지원금, 사채 등 차입금	금전 차용을 증빙할 수 있는 서류 등

증빙자료 제출이 불가능하다면?

의도한 것은 아닌데 불가피하게 증빙자료를 제출하지 못할 수도 있습니다. 대표적인 것이 주택담보대출 증빙자료입니다. 주택담보대출은 잔금일에 실행합니다. 자금조달계획서 제출일에는 아직 대출 실행 전이므로 대출 증빙자료를 제출할 수 없는 거죠. 계약일에는 증여받지 않았으나 중도금이나 잔금일에 증여받을 계획이라면, 이 또한 아직 증여 전이므로 증여세 신고서를 제출할 수 없습니다. 이럴 때는 증빙자료 대신 '미제출사유서'를 제출하면 됩니다. 제출하지 못하는 증빙서류에 대해 언제 대출이나 증여를 실행할 계획이라고 세부적으로 사유를 기재하면 됩니다.

증빙서류 미제출 사유서

자조서 기재항목		증빙자료	제출 여부	미제출사유
자기 자금	금융기관 예금액	예금잔액증명서		
		기 타		
	주식·채권 매각대금	주식거래내역서		
		예금잔액증명서		
		기 타		
	증여·상속	증여·상속세 신고서		
		납세증명서		
		기 타		
	현금 등 그 밖의 자금	소득금액증명원		
		근로소득원천징수영수증		
		기 타		
	부동산 처분대금 등	부동산 매매계약서		
		부동산 임대차계약서		
		기 타		
차입금	금융기관 대출액	금융거래확인서		잔금납입 시 주택담보대출 3억을 실행할 계획
		부채증명서		
		금융기관 대출신청서		
		기 타		
	임대보증금	부동산임대차계약서		전세계약할 계획
	회사지원금·사채	금전을 빌린 사실과 그 금액을 확인할 수 있는 서류		
	그 밖의 차입금	금전을 빌린 사실과 그 금액을 확인할 수 있는 서류		

「부동산 거래신고 등에 관한 법률 시행규칙」 제2조제6항의 규정에 따라 미제출 사유서를 제출합니다.

년 월 일

제출인 　(서명 또는 인)

04
혹시 모를 소명요청에 대비하기

자금조달계획서와 증빙자료를 잘 제출했다고 모든 절차가 끝나는 것이 아닙니다. 잔금일 이후 한국부동산원이나 관할구청에서 등기 우편물을 보내 다시 한번 자금출처를 최종적으로 소명하라는 연락을 받을 수도 있습니다. 소명을 요청받으면 최종적으로 자금을 조달한 내용에 대해 다시 한번 자금조달 내용과 증빙서류를 제출해야 합니다. 자금조달계획서 소명요청을 받았을 때 주의할 점은 크게 2가지입니다. 최근에 주택 매매량이 줄어들면서 조사건수가 줄어서인지 주택 취득가액이 낮아도 소명요청이 나오는 일이 빈번해졌습니다. 아예 처음부터 자금출처 소명요청이 온다고 가정하고 다음 2가지를 준비하는 게 현명합니다.

하나, 통장 이체내역 제출 대상 기간

계약금 지급일 2주 전~잔금지급일 2주 후까지 거래에 사용된 통장 이체내역 전체를 제출해야 합니다. 만일 이 기간 사이에 가족 간에 금액이 큰 이체내역이 있다면 증여세 탈세 의심을 받을 수 있습니다. 취득자의 모든 통장 이체내역을 제출하는 것이 아니라 주택 매매대금을 이체한 통장의 이체내역만 제출합니다. 그러므로 이 기간에는 매매대금을 이체한 통장 말고 다른 통장을 사용하는 것이 좋습니다.

둘, 차용증에 대한 원리금 상환내역

자금출처 중 가족이나 지인에게 차용한 금액이 있다면 차용증에 따라 원리금을 상환한 내역을 제출해야 합니다. 차용증만 작성하고 이에 따른 원리금 상환내역이 없다면 증여 탈세 혐의로 의심해 세무서로 통보될 수 있습니다. 원리금 상환내역이 있으면 조기에 조사가 종결됩니다. 꾸준하게 상환하는 내역이 있을수록 의심받지 않으니 차용증 작성 후 매월 원리금 상환내역을 남기는 것이 좋습니다. 원리금 상환을 위해 계좌이체를 할 때는 받는 사람 이체 메모에 '원리금 상환'이라고 메모를 남기면 더욱 좋습니다.

2. 제출 증빙자료

☐ 아래 증빙자료는 부동산 거래 시 실제 소요된 자금을 확인하기 위한 자료로서 신고내용 조사업무 이외에 사용되지 않으며, 개인정보보호법 등 관계법령에 따라 엄격히 처리됨을 알려드립니다.

☐ 예시된 제출자료 이외에 거래 관련 증빙자료가 있으신 경우 추가 제출하시기 바라며, 제출한 자료가 미비한 경우 조사과정에서 추가 증빙자료를 요청할 수 있습니다.

① 매수인 증빙자료 (매도인·공인중개사는 해당사항 없음)

분류	제출자료	비고
거래계약 관련	☐ 부동산매매계약서 사본	○ 분양권/입주권 거래 시 분양계약서도 함께 제출
	☐ 공증된 문서, 공공기관 등 신뢰할 수 있는 기관에서 발행한 문서 등 ☐ 약정서, 소송 판결문 등 계약 관련 서류 ☐ 매매에 준하는 계약서 　(대물변제, 포괄양수도계약서 등)	○ 일반적인 매매거래가 아닌 경우, 해당하는 건에 대해 제출(재산 분할, 경매 등)
대금지급 증빙	☐ (계좌이체) 계약금 지급일 2주 전부터 잔금 지급일 2주 후까지의 입출금 내역 전체와 예금주명, 계좌번호 등을 확인 가능한 통장표지 　※ 계약해제 시 최초 계약(계약금 입금) 2주 전부터 해제 신고 2주 후까지의 입출금 내역 제출 　※ 계약금/중도금/잔금 내역 별도 표시 　(형광펜 체크, 메모 등)	○ 거래건별 이체확인서 또는 특정 거래 내역만 제출하거나 이체내역서의 자금 조달 출처가 명확하지 않은 경우 추가 자료를 요청할 수 있으며, 필요 시 국세청(관할 세무서) 및 경찰청 등의 관계기관에 통보조치 될 수 있음 ○ 내역 확인이 가능하다면 통장 사본, 인터넷 발급, 화면 캡처 등 모두 가능 (엑셀 파일을 변환, 출력한 것은 인정 불가)
	☐ (수표지급) 수표 발행 내역 등	
	☐ (현금지급) 현금 입금 내역 등	○ 계좌출금내역, 현금지급 사유 및 현금 조성 관련 내용 등을 소명서에 기재
자금조달 증빙	① 자기자금 ☐ 소득 증빙 - 소득금액증명원, 근로소득원천징수영수증 등 소득 관련 증빙서류	○ 3~5년의 증빙을 제출

부동산 실거래 조사 소명자료 제출 안내문

실전 케이스 스터디

Q.
은행에서 사업자대출을 받아서 주택을 취득하려고 합니다. 은행에서 대출받은 돈이니까 자금출처를 문제 삼지 않겠죠?

A.
사업자대출로 주택을 취득하더라도 세무서에서 세금을 추징할 명목은 없습니다. 다만, 구청이나 한국부동산원에서 사업자대출로 주택을 취득한 사실을 알게 되면 이를 은행에 통보해 대출이 회수될 수도 있으니 주의하세요. 사업자대출을 받아 주택을 취득하는 것은 대출규정 위반이기 때문입니다. 특히 한국부동산원에서 소명을 요청했다면 더욱 조심해야 합니다. 소명자료 요청서를 통해 사업자대출 사용 유무를 직접적으로 확인하고 있습니다.

---

5. 금융기관 대출에 관한 질문

5 – 1. 사업자대출(개인사업자 포함)을 받은 적이 있으신가요?
　　 – 예 　　　　（　　　）☞ 5 – 2번
　　 – 아니오 　　（　　　）

Q. 신용대출로 주택을 취득하려고 하는데 대출이 회수될까 봐 두렵습니다. 신용대출란 말고 금융기관 예금액란에 적는 것이 좋을까요?

A. 신용대출금액이 1억 이하라면 전혀 문제가 되지 않습니다. 자금조달계획서에 신용대출 구분란이 따로 있는 것은 신용대출도 자금출처로 인정해 준다는 뜻이므로 당당하게 기재해도 됩니다. 오히려 신용대출을 최대한 활용해 주택을 취득하는 것이 유리합니다. 신용대출은 금융기관 대출이므로 탈세 혐의를 받지 않기 때문입니다. 다만 신용대출금액이 1억을 초과하면 대출 회수 대상입니다. 따라서 신용대출은 1억 이하로만 받는 것이 좋습니다.

Q. 모아둔 돈이 많아 대출 없이 주택을 취득하려 합니다. 그런데 소득세 신고를 제대로 하지 않아서 소득금액증명원상의 소득금액은 적습니다. 어떻게 하면 자금출처에 대한 의심을 피할 수 있을까요?

A. 주택취득자금을 충분히 보유하고 있더라도 신고된 소득금액이 적다면 증여세나 소득세 탈세로 의심받을 수 있습니다. 만약 사업장을 가지고 있다면 현금매출 소득신고를 누락한 것으로 추정해 최악의 경우 사업장 세무조사를 받을 수도 있습니다. 그러니 보유 중인 현금이 충분하더라도 주택담보대출을 최대한 받는 것이 좋습니다. 주택담보대출은 금융기관 대출이므로 자금조달계획서를 검토하는 기관에서도 이를 전혀 의심하지 않습니다. 주택담보대출금액이 클수록 자금출처가 명백하므로 자금출처를 의심받을 가능성은 적어집니다.

Q. 매매가 8억 주택을 전세보증금 5억을 승계하는 갭투자로 취득하려고 합니다. 1억은 근로소득으로 모은 돈이고, 2억은 부모님에게 미리 차용해 둔 돈입니다. 자금조달계획서를 어떻게 작성하는 것이 좋을까요?

A. 계약일 전에 미리 차용했다면 계약일 시점에 3억을 예금액으로 보유하고 있으므로 예금액으로 적는 것이 가능합니다. 그렇다면 차용금을 포함해 금융기관 예금액에 3억으로 기재하는 것이 좋습니다. 가족 간 차용은 증여로 추정합니다. 자금조달계획서에 가족 간 차용금액이 있는 것처럼 보이면 향후 한국부동산원이나 구청에서 자금출처 소명이 나올 확률이 높아집니다. 다만 자금조달계획서 내용과는 별개로 반드시 차용증을 작성해 보관하고 매월 원리금 상환도 해야 합니다.

Q. 70대 부모님이 주택을 취득하려고 합니다. 나이가 많은 부모님이 주택을 취득할 때도 자금출처조사가 나올까요? 어떤 경우에 자금출처조사가 나올 확률이 높은가요?

A. 가능성이 매우 낮습니다. 70대 부모님의 자금출처를 조사하는 것은 현실적으로 매우 어렵습니다. 70대라면 최소 40년 이상 소득활동을 할 수 있었을 겁니다. 70대라면 누구든지 과거 40년 동안 어느 정도의 금액은 본인이 일해서 모은 돈이라고 주장할 수 있습니다. 그러므로 주택 취득자의 나이가 많을수록 조사가 나올 가능성은 낮아집니다. 지난 국세청 보도자료에 따르면 자금출처조사 대상자는 20~30대가 가장 많았습니다. 소득생활을 할 수 있는 기간이 짧을수록 본인의 노력으로 모을 수 있는 자금이 한정적이므로 자금출처에 문제가 있을 가능성이 크다고 보는 것입니다. 취득자의 나이가 어릴수록, 주택취득가액이 클수록 자금출처조사 가능성은 높아집니다.

Q. 맞벌이 부부입니다. 배우자와 공동명의로 취득할지 단독명의로 취득할지 고민 중입니다. 어느 방법이 자금출처조사가 나올 가능성이 더 낮을까요?

A. 공동명의가 더 안전합니다. 남편 소득 3억, 아내 소득 2억이라고 가정하겠습니다. 단독명의로 취득한다면 소득금액증명이 3억이지만, 공동명의로 취득한다면 소득금액증명을 5억으로 할 수 있습니다. 만약 국세청이 공동명의와 단독명의 중 단 한 건만 조사한다면 당연히 단독명의를 조사할 것입니다. 공동명의는 두 명이라서 신고된 소득합계가 더 많고, 각자 절반씩 자금조달을 하면 되니 자금조달 부담이 적습니다. 반면, 단독명의는 한 명이라 신고된 소득합계가 적고 혼자서 자금조달을 다 해야 하니 부담도 당연히 더 클 것입니다. 국세청으로서는 단독명의가 증여 탈세 가능성이 좀 더 높다고 추정한다는 것입니다.

11장.

절세 효율을 높이는
가족 간 매매와
부동산법인

01
가족 간 매매, 무조건 처분해야 할 때의 마지막 한 수!

　　　　　최근 급격한 금리인상으로 주택취득 수요가 급감했습니다. 집을 처분하려고 부동산에 매물로 내놓아도 연락 한 번 오지 않는 경우가 허다하죠. 집이 처분되지 않으면 처분될 때까지 기다리거나 보유하면 되지만, 일시적 2주택자처럼 기한 내에 무조건 주택을 처분해야 하는 경우라면 답답하기만 할 겁니다. 취득세, 양도세, 대출규제 때문에 정해진 기한 내에 종전주택을 처분해야 하는데 도무지 팔릴 기미가 보이지 않을 때 쓸 수 있는 방법이 바로 '가족 간 매매'입니다. 별도세대인 다른 가족에게 일시적 2주택 중 종전주택을 팔아도 처분기한 내에 주택을 처분한 것으로 인정해 줍니다. 처분기한까지 최대한 팔아보고, 정 안 되면 가족에게 매매하는 방법으로 취득세, 양도세 등의 불이익을 피하세요. 꼭 이런 경우가 아니더라도 가족 간 매매는 절세 측면에서 유용한 방법으로 활용됩니다. 자녀에게 주택 명의이전을 원한다면 증여보다 가족 간 매매를 활용하는 게 증여세를 더 절세하는 방법이기도 합니다.

가족 간 매매 시 세금 - 증여세

가족 간 매매 시 가장 좋은 장점은 증여세 절세효과가 있다는 것입니다. 가족에게 양도할 때는 보통 시가보다 낮게 양도합니다. 특히 부모가 자녀에게 양도할 때는 최대한 저가에 넘겨주고 싶을 것입니다. 부모가 자녀에게 시가보다 저가에 부동산을 양도하면 자녀는 그만큼 이익을 본 것이므로 증여받은 것이나 마찬가지입니다. 하지만 시가보다 저가에 양도해도 일정 부분에 대해서는 증여세를 과세하지 않습니다.

시가와 실제 거래가격의 차이가 30% 이상인 부분에 대해서만 증여세를 과세합니다. 즉 시가보다 30% 이내의 저가로 취득하면 증여세가 나오지 않는다는 말입니다. 특히 거래하는 부동산의 시가가 10억을 초과한다면 시가 그대로 거래해도 증여세를 계산할 때 무조건 3억은 빼고, 나머지 금액만 계산합니다.

예를 들어 시가 8억의 아파트를 6억에 양도했다면 증여가액은 (시가 8억-양도가 6억)-(8억×30%)=0이므로 증여세 과세 대상이 아닙니다. 시가 11억의 아파트를 5억에 양도했다면 증여가액은 (시가 11억-양도가 5억)-3억=3억이 됩니다. 저가로 취득해 6억이나 이득을 보았지만 3억에 대해서만 증여세를 과세하니 좋죠. 저가로 취득해 실제로 증여받은 효과가 있는데도 일부분에만 세금을 과세하니 증여할 때 이 방법을 활용하는 것이 좋습니다.

가족 간 매매 시 세금 - 양도세

저가로 양도하면 증여세는 피할 수 있어도 양도세만큼은 피할 수 없습니다. 증여세에서 혜택을 준다면, 양도세에서는 페널티를 받게 됩니다. 시가와 실제 거래금액의 차이가 5% 이상이라면 실제로 양도한 금액과 상관없이 해당 부동산의 시가를 양도가액으로 적용해 양도세가 나오게 됩니다.

예를 들어 8억에 취득한 시가 10억 주택을 가족에게 8억에 양도한다면 취득가와 양도가가 같으니 양도차익이 없습니다. 따라서 양도세가 안 나온다고 예상할 겁니다. 하지만 실제 양도차익이 없더라도 10억에 양도한 것으로 계산하고, 양도차익 2억에 대해 양도세를 내야 합니다.

이런 양도세 페널티가 있기 때문에 가족 간 매매는 비과세 주택으로 활용하는 것이 좋습니다. 1세대1주택은 가족 간 매매라도 양도세 비과세가 가능합니다. 다만 일시적 2주택은 종전주택을 동일세대원에게 매매하는 경우 양도세 비과세 혜택을 주지 않으니 주의하세요. 동일세대원에게 양도하면 주택 매도 후에도 여전히 1세대2주택이므로 양도세 비과세 혜택을 받을 수 없습니다. 반드시 세대분리 후에 가족 간 매매를 해야 일시적 2주택 비과세가 적용됩니다.

가족 간 매매 시 세금 - 취득세

가족 간 매매는 유상취득이므로 유상취득세율이 적용됩니다. 하지만 주인전세 거래는 12%의 증여취득세율이 적용될 수 있습니다. 주인전세 거래는 기존 집주인이 세입자로 사는 조건으로 실제 매매대금 규모를 줄이는 방법입니다. 매도인과 매수인이 매매계약과 전세계약을 동시에 맺는 식으로 이뤄집니다. 매도인은 해당 매물의 세입자로 들어가고, 매수인은 매매가에서 전세보증금을 제외한 액수만 매도인에게 지불하는 것입니다.

예를 들어 명의만 부모님 명의에서 본인 명의로 이전하고, 실제 거주는 부모님이 계속하려고 합니다. 그래서 시가 13억의 아파트를 10억에 매수하면서 동시에 부모님과 8억의 전세계약을 맺었습니다. 이 경우 자녀는 부모님에게 매매대금 10억을 드려야 하고, 부모님은 다시 자녀에게 전세보증금 8억을 줘야 하니 최종적으로 현금 2억만 부모님에게 아파트 매수대가로 드리면 됩니다. 실제 전세계약이라면 증여세에서는 이를 유상취득으로 인정해 줍니다. 하지만 취득세에서는 실제로 전세보증금 8억이 계좌이체로 오고 가지 않는다면 가족 간 전세계약을 유상취득으로 인정해 주지 않습니다. 매매대금과 상계처리한 전세보증금 8억은 증여받은 것으로 간주해 증여취득세율 12%가 적용됩니다. 자녀가 매매대금 10억을 부모님에게 이체하고, 부모님이 전세보증금 8억을 자녀에게 다시 이체받은 이체내역이 있어야만 전세보증금 8억에 대해서 유상취득세율 3%가 적용됩니다. 반드시 이체내역을 남기는 것이 좋습니다.

가족 간 매매 시 주의사항

1. 잔금 완료 전 등기이전 불가

가족 간 매매는 증여로 추정합니다. 따라서 증여가 아님을 입증하려면 관할 시·구청에 매매대금 이체내역을 제출해야 합니다. 매매계약서에 따라 실제 매매대금을 전부 이체한 것이 확인된 후에만 소유권이전등기가 가능합니다. 잔금을 완료해야 하기때문에 매매대금 일부에 차용증을 작성하고 나중에 지급하는 방법도 쓸 수 없습니다. 결과적으로 매매대금을 이체할 현금이 없다면 가족 간 매매는 진행할 수 없습니다.

2. 매매대금 자금출처

반복하지만 가족 간 매매는 증여로 추정합니다. 따라서 매매대금 자금출처를 증빙할 수 있어야 합니다. 매매대금 전체에 대해서 완벽하게 자금출처를 증명해야 하는 것은 아니지만 매수자의 소득이 없으면 안 됩니다. 매수자의 소득이 없는데 가족 간 매매를 한다는 것은 결국 행위만 매매이고 실질은 증여라고 보기 때문입니다. 그래서 소득을 증명하기 위해 등기 시 소득금액증명원도 제출해야 합니다. 또 가족 간 매매는 유상거래라서 조정대상지역이라면 자금조달계획서도 제출해야 합니다. 다른 거래보다 좀 더 유심히 자금조달계획서를 검토하며, 향후 소명요청이 나올 가능성도 매우 큽니다. 가족 간 매매가 불법은 아니지만 증여세를 피하기 위한 편법일 수 있어서 좀 더 꼼꼼하게 검토한다고 생각하면 됩니다. 이래저래 매매대금 자금출처에 문제가 없을 때만 가족 간 매매를 하는 것이 좋습니다.

02
부동산법인
- 투자 규모가 크다면 신중히 고민!

부동산 투자 규모가 어느 정도 된다면 임대소득이나 양도소득에 대한 세금부담 때문에 부동산법인 설립을 고민하게 될 겁니다. 실제로 부동산 투자를 크게 하는 사람들은 대부분 부동산법인으로 투자하고 있기도 합니다. 법인으로 투자하면 개인으로 하는 것보다 여러 가지 장점이 있는 건 사실입니다. 하지만 모든 경우에 개인보다 유리한 것은 아닙니다. 남들이 좋다고 하는 부분만 보고 무턱대고 법인을 설립하기보다는 부동산법인의 장단점을 잘 이해하는 것이 우선입니다. 그 후 법인과 개인 중 어느 방법으로 투자하는 것이 나에게 유리한지 실익을 잘 따져보고 결정하길 권합니다.

부동산법인 투자의 장점 - 절세효과, 비용처리, 대출

부동산법인의 가장 큰 장점은 법인세율이 소득세율보다 낮다는 것입니다. 소득세는 최고세율이 45%지만, 법인세율은 소득 200억까지는 20%에 불과합니다. 예를 들어 상가를 10억에 취득해 20억에 양도했다고 가정하겠습니다. 개인이 투자하면 양도세가 3억 8천만 원이 넘습니다. 하지만 법인으로 투자하면 법인세가 1억 8천만 원만 나오죠. 세금 차이가 무려 2배가 넘습니다. 단기투자라면 법인투자가 더 빛을 발하게 됩니다. 개인의 경우 1년 미만 보유한 부동산 처분 시 양도세율이 50%입니다. 하지만 법인은 단기보유라도 법인세율이 동일합니다.

비용처리도 법인이 더 용이합니다. 개인의 경우 양도소득세에서 필요경비로 인정되는 항목은 중개수수료, 인테리어 비용 등으로 한정되어 있습니다. 하지만 법인은 사업과 관련이 있으면 뭐든지 비용 처리할 수 있습니다. 이자비용은 물론, 양도소득세에서 필요경비로 인정되지 않는 각종 소모성 경비까지 비용으로 인정받을 수 있습니다.

임대소득 측면에서도 법인투자가 유리합니다. 근로소득이 있는 개인이라면 임대소득과 근로소득이 합산되어 높은 세율로 세금이 부과됩니다. 법인으로 투자하면 임대소득이 근로소득과 합산되지 않습니다. 법인과 개인은 독립적이기 때문에 법인의 소득 또한 개인의 소득과 합산되지 않습니다.

이 외에도 법인의 장점은 다양합니다. 우선 대출이 개인보다 매우 용이합니다. 법인은 대출 시 소득을 고려하지 않기 때문에 대출규제를 받지 않습니다. 개인과 비교하면 대출한도가 높지요. 지역가입자 건강보험료도 절감됩니다. 법인으로 보유하는 부동산이나 임대소득은 개인의 것이 아니므로 건보료가 부과되지 않습니다. 지분 100% 법인으로 부동산을 아무리 많이 소유해도 건강보험료에는 전혀 영향이 없습니다.

 법인세 세율

과세표준	세율	누진세액공제
2억 원 이하	10%	-
2억 원 초과~200억 원 이하	20%	2천만 원
200억 원 초과~3,000억 원 이하	22%	4억 2천만 원
3,000억 원 초과	25%	94억 2천만 원

 양도소득세 기본세율 = 종합소득세 세율

과세표준	세율	누진세액공제
1,200만 원 이하	6%	-
1,200만 원 초과~4,600만 원 이하	15%	108만 원
4,600만 원 초과~8,800만 원 이하	24%	522만 원
8,800만 원 초과~1억 5천만 원 이하	35%	1,460만 원
1억 5천만 원 초과~3억 원 이하	38%	1,940만 원
3억 원 초과~5억 원 이하	40%	2,540만 원
5억 원 초과~10억 원 이하	42%	3,540만 원
10억 원 초과	45%	6,540만 원

부동산법인 투자의 단점 - 가지급금, 세금폭탄

장점만 보면 모든 사람이 부동산법인으로 투자하는 것이 이득일 것 같습니다. 하지만 당연히 단점도 있습니다. 가장 큰 단점은 부동산법인의 돈은 법인의 돈이므로 대표자 개인이 법인의 돈을 가져오려면 소득세를 한 번 더 내야 한다는 것입니다. 즉 법인세와 소득세 총 두 번의 세금을 내는 것이죠. 부동산법인을 시작하기 전에 가장 많이 착각하는 내용이니 잘 읽어보세요.

내 소유 법인이라도 법인 통장의 돈을 그냥 막 가져올 수 없습니다. 법인의 돈을 가져오려면 배당이나 급여 형태로 가져와야 합니다. 이때 배당으로 가져오면 배당소득세, 급여로 가져오면 근로소득세를 추가로 납부합니다. 만약 제대로 세금을 내지 않고 막무가내로 법인 통장의 돈을 그냥 가져오면 법인에게 무이자로 돈을 빌린 것으로 간주해 세금이 부과됩니다. 이것을 '가지급금'이라고 부릅니다. 가지급금 발생이 법인의 최대 단점이라고도 볼 수도 있겠습니다.

예를 들어 가지급금 10억이 발생하면 어떤 불이익을 당하는지 볼까요? 우선 돈을 가져간 대표자는 무상으로 돈을 빌렸기 때문에 법인으로부터 이자만큼의 혜택을 본 것이나 마찬가지입니다. 즉 10억에 법정이자율 4.6%를 곱한 금액인 4,600만 원만큼 이득을 본 것이죠. 이 이득만큼 법인에게 급여를 받은 것으로 간주해 세금을 과세합니다.

이게 끝이 아닙니다. 법인에게도 페널티가 있습니다. 실제로 이자를 받지는 않았지만 4,600만 원 이자를 받은 것으로 간주해 법인세가 과세됩니다. 이자받은 것도 없는데 이자소득에 대해서 법인세를 내라니 황당하게 느껴질 겁니다. 쉽게 말하면 세금 없이 법인 통장의 돈을 그냥 가져가면 괘씸죄로 대표자와 법인 양쪽에 징벌적 세금을 부과하겠다는 것입니다. 이런 것까지 고려하면 법인투자가 개인보다 크게 유리한 것도 아니죠.

법인은 장기보유공제도 적용되지 않습니다. 따라서 부동산을 오래 보유할수록 부동산법인의 이점이 적어집니다. 게다가 법인으로 주택투자를 하면 3가지 세금폭탄이 기다리고 있습니다. 법인세는 기본세율 외에 주택 양도차익의 20%를 추가로 과세합니다. 종부세가 가장 타격이 큽니다. 종부세는 기본공제 없이 3% 세율로, 조정대상지역 2주택 이상이거나 3주택 이상 보유 시 6% 세율로 부과됩니다. 법인으로 공시가 10억 주택 1채만 보유해도 종부세가 3천만 원이나 나옵니다. 주택 취득세는 무조건 12%입니다. 개인의 2배나 되죠. 공시가격 1억 이하의 주택을 취득하면 개인과 마찬가지로 1% 세율이 적용되지만, 설립 5년 미만의 수도권 과밀억제권역에 위치한 법인이라면 1억 이하 주택을 취득해도 취득세가 12%로 중과됩니다. 이러한 세금 페널티 때문에 현재는 법인으로 주택을 투자하는 것이 개인보다는 불리합니다.

투자 측면에서 공시가격 1억 미만의 소형주택이라면 종부세, 취득세 부담이 적으니 그나마 할 만합니다. 하지만 이것은 개인도 마찬가지라서 주택투자 시 개인보다 법인이 유리한 점은 없습니다. 그래서 법인이라면 주택보다는 가급적 상가나 오피스텔 위주로 투자하는 것이 좋습니다. 그러나 상가도 설립 5년 미만의 수도권 과밀억제권역 소재지에 위치한 법인이라면 개인보다 취득세가 2배로 나와 8%의 취득세율이 적용됩니다.

또 법인은 개인보다 세금 신고 과정이 굉장히 복잡합니다. 재무제표, 손익계산서 등 장부를 작성해야 하고, 법인통장과 장부금액이 일치해야 합니다. 따라서 무조건 세무사 사무실에 기장을 맡겨야 합니다. 법인의 세무기장료는 평균적으로 월 15만 원 내외입니다. 매월 발생하는 이런 세무관리 비용도 부담이 될 수 있습니다.

훨씬 불리해진 2023년 법인세 개정사항

22년 현재 법인세율 10% 구간이 2억에서 5억까지로 확대됩니다. 법인세가 인하되어 부동산법인이 더 유리해진 것 같지만 실상은 그렇지 않습니다. 10% 세율구간 없이 전액 20% 세율로 변경되기 때문입니다. 만약 부동산 임대수입이 2억이라면 기존에는 10% 세율로 법인세가 2천만 원이 나왔습니다. 23년부터는 2억 이하도 20% 세율로 변경되면서 법인세가 4천만 원이 나오게 됩니다. 즉 법인세가 2천만 원 추가된 것이죠. 이 때문에 부동산법인의 이점이 많이 사라졌습니다.

현 행	개 정 안
☐ 법인세율 과세체계	☐ 법인세율 인하 및 과표구간 조정
○ 세율 및 과세표준	○ 1)최고세율을 25% → 22%로 인하, 2)중소·중견기업은 과세표준 5억원 까지 10% 특례세율 적용

과세표준	세 율
2억원 이하	10%
2~200억원	20%
200~3,000억원	22%
3,000억원 초과	25%

과세표준	세 율	
5억원 이하	10% (중소·중견기업)	20%
5~200억원		
200억원 초과	22%	

- 다음 요건을 모두 갖춘 중소·중견 기업*은 10% 특례세율 적용 제외

* 소비성 서비스업은 현행과 동일하게 제외

❶ 지배주주 등이 50% 초과 지분을 보유

❷ 부동산임대업이 주된 사업이거나 부동산 임대수입 · 이자 · 배당의 매출액 대비 비중이 50% 이상

CASE STUDY
11

실전 케이스 스터디

Q. 다주택자 부모님에게 취득가격 1.5억, 공시가격 2억 현재 시가 4억인 주택을 물려받고자 합니다. 증여와 가족 간 매매 중 어느 방법이 세금이 더 적게 나올까요?

A. 일반적으로는 증여보다 가족 간 매매의 절세효과가 크지만 모든 경우에서 그런 것은 아닙니다. 다음 계산을 보면 알 수 있듯이 가족 간 매매보다 증여받는 것이 세금이 더 적게 나옵니다. 1가구1주택 비과세 대상이 아니거나 양도차익이 많은 주택이라면 양도세가 많이 나오기 때문에 가족 간 매매가 더 불리합니다. 이런 경우엔 증여가 더 유리합니다.

증여

취득세 2억×3.5%=700만 원

증여세 6천만 원

총세금 6,700만 원

가족 간 매매

저가 양도금액이 2.3억이므로

증여세: (시가 4억−2.3억)−(4억×30%)−증여공제 5천만 원=0원이라 증여세 없음

취득세: 2.3억×1%=230만 원

양도세: 차익이 2.5억이므로 7,470만 원

총세금 7,700만 원

무주택자 부모님 명의로 청약에 당첨되었는데, 부모님은 자금이 없어서 분양금을 전부 제가 치르고 몇 년 뒤 제가 명의를 가져올 예정입니다. 이 경우 증여와 가족 간 매매 중 어떤 방법으로 명의를 가져오는 것이 좋을까요?

우선 부모님 대신 납부한 분양대금은 증여에 해당해 증여세가 발생할 수 있습니다. 증여세가 발생하지 않으려면 대신 납부한 분양대금을 증여가 아닌 차용한 것으로 하여 차용증을 작성해야 합니다. 차후 아파트를 증여받는다면 부모님은 자녀에게 차용금액을 상환할 방법이 없어지게 됩니다. 만약 가족 간 매매를 선택한다면 매매 시 자녀가 먼저 부모님에게 매매대금을 이체하고, 부모님은 자녀에게 받은 매매대금으로 차용금을 상환할 수 있습니다. 자녀가 대신 납부한 분양대금을 활용해야 하니 이런 경우라면 증여보다 가족 간 매매가 더 유리합니다.

Q. 가족 간 매매 시 주인전세 방식으로 매도자인 부모님을 전세 임차인으로 해서 매매대금 중 전세보증금을 상계하려고 합니다. 매매대금으로 지급할 자금이 부족해 증여 취득세가 나오는 건 감수하겠지만, 세무서에서 가족 간 전세계약을 인정해 주지 않고 증여세가 나올까 봐 걱정입니다. 가족 간 전세계약을 인정받으려면 어떡해야 하나요?

 가족 간 매매처럼 가족 간 전세계약 또한 증여로 추정하기 때문에 세무서에서 눈여겨봅니다. 타인과 전세계약을 할 때와 동일하게 하면 됩니다. 전세보증금도 시세와 비슷해야 하며, 전세계약서 작성 후 전입신고 및 확정일자까지 받는 것이 좋습니다. 일반적인 전세계약에서는 전입신고와 확정일자만으로도 전세보증금을 보호받을 수 있어서 전세권 설정은 하지 않지만, 좀 더 안전하게 하려면 전세권 설정까지 하는 것이 좋습니다. 가장 중요한 건 아무리 가족이라도 매수인이 절대 임차 중인 집에 거주해서는 안된다는 것입니다. 임대인과 임차인이 같이 거주하는 것은 상식을 벗어나는 행위이므로 증여로 볼 가능성이 매우 높습니다. 위 사항만 지키면 가족 간 전세계약도 진실된 계약으로 인정받을 수 있습니다. 마지막으로 임대차 계약기간이 만료되면 반드시 전세보증금을 돌려줘야 합니다. 임대차 계약기간 만료 후 세무서에서 사후관리로 전세보증금 반환 여부를 확인할 수도 있습니다.

Q. 상가를 취득하려고 합니다. 연간 임대료는 4,000만 원 정도 예상됩니다. 법인으로 투자하는 것이 유리할까요?

 개인의 소득 유무에 따라 달라집니다. 만약 아무런 소득이 없다면 개인이 더 유리합니다. 4,000만 원에 대한 개인 임대소득세는 대략 470만 원입니다. 법인세는 400만 원입니다. 하지만 월 세무 기장료까지 고려하면 법인이 더 불리합니다. 반면 근로소득이나 사업소득이 1억가량 있다면 법인이 더 유리합니다. 기타소득 1억에 임대소득 4,000만 원이 더해지면 적용되는 세율이 35%로 올라가서 소득세가 무려 1,400만 원이 나오게 됩니다. 근로소득이나 사업소득 같은 기타소득이 많을수록, 임대료가 높을수록 법인으로 상가를 취득하는 것이 유리하다고 생각하면 됩니다.